U0945978

5分钟搞定投资人

陈步衡◎著

北京联合出版公司
Beijing United Publishing Co.,Ltd.

目录

第一章 只有想对了，才能写对

第二章 只有写对了，才能演出色

第三章 只有演出色，才能实现梦想

附录 案例/模板

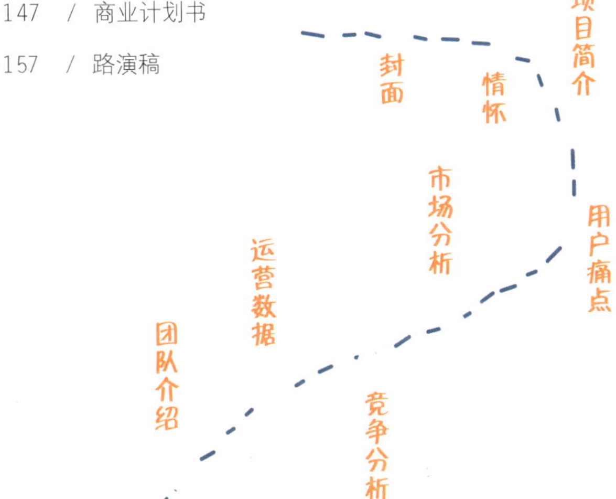

自序

寒冬中的一缕阳光

2016年是我进入创投圈这个领域的第三个年头。哥们儿我运气还挺好的，刚刚过去的这三年，也正好是中国创投圈风起云涌的三年。2014年是暖润如春，2015年是暴晒急转小雪，到了2016年成了资本寒冬和创业寒冬。还记得第一次到创业大街，满满的都是人。当年我还是个懵懂的创业者，来仰望这些如雷贯耳的“创投咖啡”，真是有种“朝拜”的感觉。后来，我入了创投界，带领“闯先生”的小伙伴们来到中关村（Business Development），多希望奋斗后能在这里有我们自己的一席之地。2016年，我干脆把家搬到了创业大街旁边的小区里，每天半夜发朋友圈就把地址标记定位于创业大街。然而，现在每天到这一家家熟悉的咖啡厅坐坐，看看空旷的创业大街，倒突然多了几丝平静中的惬意。

资本寒冬让无数心怀梦想的创业者折戟沉沙，多少项目饮恨长辞。是的，融资就像寒冬中的一堵城墙，进去的人在城内平安过冬，进不去的人便倒在旷野。曾几何时，我介绍两个“80”后的成功创业者见面交流。一个人的公司正在A股上市排队，另一个人的公司被网秦公司高额收购，大笔现金入袋。两个人聊着聊着都感叹说：“融到钱后日子就好过多了。”有太多创业者因为商业计划书写得烂，没法把自己的优势展示出来，失去一次又一次融资的机会，可能至今还在为下一个月的团队工资奔波。说实话，要不是为了你们能写出一篇好商业计划书，能够早早逃离痛苦，融到白花花的银子，我才不出来写书呢！你知道写这么多东西有多累吗？写书可比写个商业计划书难多了。

很多人以为我是学者出身，是专门研究商业计划书的，因此才这么会写商业计划书和做“路演”。其实不是。我和大家一样，是个地地道道的创业者。2011年因为股东崩裂，第一次创业（2005年开始，中国最早的韩国代购电商）失败。所以，我才去研究“团队凝聚力”。与大家的经历有点类似，我再次创业，写那种和大家写的差不多的商业计划书，然后找投资人。结果每一个投资人都狠狠地拍我，硬生生把我拍成了“板砖”。正所谓百炼成钢，这回我比他们还会写商业计划书，比他们更知道路演时如何抓住他们的眼球了。后来辅导了一些好朋友的项目，结果在路演场一下子拿了几个第一名，我才觉得可能该和广大的创业者分享分享我的心得了。从2015年10月份开始，我在北京中关村创业大街讲我的商业计划书和路演课程，题目就叫“5分钟搞定投资人”。一开始就爆场，这让我很兴奋。我意识到商业计划书和路演的课程之所以这么受欢迎，其实是因为这是大家必须掌握的基本知识。一年来，我讲了60堂课，算了算，估计来听课的得有几千人。大家上课的时候都努力地记笔记，但还是有很多遗漏。不少创业者建议我干脆写本书而且天天“逼问”我。于是我花了大半年，憋出了这本书。

最近我们开了一家公司，叫“深孵”，目标是成为中国顶级的创业深度孵化内容商。我们为众创空间和创业者提供一对多的创业培训和一对一的深度创业孵化咨询或辅导。在此，祝愿我的公司蒸蒸日上，也祝愿亲们，读书愉快，早日发达。

陈步衡

2016年11月27日00:22

第一章

只有想对了，才能写对

想必每位创业者都希望自己金灿灿的商业点子变成白花花的银子，成就自己的商业帝国。那你知道商业计划书吗？听过路演吗？懂得从投资者手里“借点钱”吗？本章将360度全面剖析投资者心理，为你一一指出年轻创业“小白”那些年经历的创业误区，帮助你正确认识商业计划书和路演，轻松搞到投资。只有想对了，才能写对！

误区1：

BP是英国石油公司或人力资源部门的派出人员

很多时候，创业者找投资人融资，投资人会跟他们说："你先把BP发到我邮箱里吧。"这时候，创业者的内心是这样的："请说中文好吗？BP是什么？难道是英国石油公司（British Petroleum）吗？"还有的创业者可能会想，我们公司人力资源部门有好多的BP（business partner），难道是要我发他们的名单给投资人？

拜托，人家要英国石油公司干吗？还有，人家要你的人力资源部门派出人员的名单干吗？在创投圈，我们说的BP是指business plan，也就是"商业计划书"或者"创业计划书"。所以投资人是让你给他发商业计划书，请不要想太多。

误区2：

路演为商场外面的露天演出

路演，很多年前刚听到这个词的时候，我以为是大型商场外面的露天演出。后来才知道，路演其实是创业者拿着PPT（演示文稿文件）给一群人介绍自己的项目，也就是创业者在台上讲自己项目的优势，下面的投资人听完可能会提一些问题（也有些路演没有提问环节），然后选择要不要约创业者聊聊投资或者对其有没有投资意向。

路演最初是创业者首次公开募股前针对机构投资人推荐自己公司的方式。后来风险投资也用，众筹也用，慢慢成为创业者接触投资人最多、最高效的方式。几乎每天，你在中关村创业大街都能看到这个咖啡馆、那个空间里举办的各种路演会、路演场。创业者们一波又一波地上台介绍自己的项目，被下面坐着的投资人劈头盖脸地一通质询。大多数创业者被“砖头”拍得体无完肤，当然也有少数人能够过关斩将，最终拿到投资。有许多著名项目都是以路演的形式拿到投资的，比如国内首家知识产权法律专业服务平台“知果果”，又比如著名的电商导购项目“礼物说”。

误区3：
BP仅是拿来融资的

BP是用来整理战略思路的

我是一个特别喜欢预测的人，曾经成功预测了众创空间行业的洗牌时间、资本寒冬转暖的时间等。现在让我来猜一下，大多数创业者是什么时候开始写第一份BP的？

一天晚上睡觉前你有了一个好想法，然后魂牵梦绕，夜不能寐。第二天早上起来狂喊一声："哥们儿要辞职创业！"接着你开始拉亲朋好友跟你一起混，精神抖擞地找场地，攒办公设备，开展业务。然后突然有一天，你发现囊中羞涩，听朋友或新闻说可以去找投资。"哇，真的有那么多冤大头愿意给我钱，支持我创业吗？""赚了算我的，赔了算他们的，太爽了！"你开始冲到这个投资峰会、那个路演场，抑或北京中关村创业大街的各个创业咖啡馆里，见到投资人就侃侃而谈你的伟大梦想，进行着心累无比的融资历程……

直到这个时候才出现了上文我提到的投资人向创业者要BP的场景。于是，你回去研究BP应该怎么写，七拼八凑地写出了人生第一份BP。

你觉得投资人拿着你的BP会如何选择，投还是不投？实际

上，投资人的决策依据就是你的BP。他可以通过BP看到你想干的这件事饼有多大，成长有多快，里面的商业逻辑是什么，你的团队是否厉害到可以支撑这样一个商业逻辑，也就是看你对整个创业事业的计划做得如何。投资人通过这些来判断你成功的概率有多高，然后选择投不投你。

可是，要是如我上文所猜测的，你一开始并没有写BP，而是想要拿融资的时候才开始写，即你连计划都没有就开始创业了，请问你成功的概率有多高？这就好比你从北京开车出发，第一，你都不知道要去哪儿；第二，你不知道路有多远；第三，你没有规划路线；第四，你也不知道路上哪里有加油站。请问你能到达目的地吗？

因此，BP最重要的作用不是找投资，而是给自己理清思路、确定方向、整理战略。

BP是用来凝聚团队的

除了上述作用，BP还有什么作用？

我们来做个假设，如果你现在让你的团队成员集体加班1个月，你觉得大家会有什么反应？是不是会有很多人开始私下抱怨——“疯了吗？”“我都快忘了我老婆长什么样了！”“到底有完没完啊！”

为什么会这样？因为你的团队不知道BP，也就不了解公司现在处于什么阶段、加班的原因及加班后能够获得什么。试想，如果每个人都知道现在是为了在融资前冲数据而加班，加完班就会融到钱，融到钱每个人手上的股份或者期权就会增值若干倍，请问大家会这么消极吗？可能那时你不让加班，他们都不答应。

案例1

在古装电视剧中，我们经常会看到“讨贼檄文”昭告士兵的场景。它会告诉士兵要做的事、做这件事的原因、成功概率有多高。实际上，这就是典型的信仰文件。想想，这不就是BP吗？

另外，“讨贼檄文”还会被到处张贴，充分传播，让老百姓知道出征的目的、树立共同应敌的意识，这样部队才会有共同价值观的指引，从而更有战斗力。

可见，信仰文件和它的传播对事情是否成功起着至关重要的作用。同样，创业也需要信仰文件，也就是BP。此外，创业也需要对BP进行充分的传播。因为这样做可以保证每位团队成员都能够清楚地知道整个大团队的理想、阶段和工作方式，也清楚自己在这个大梦想里面的角色和将会获得的利益。这样，大团队的每一个人就被团结在了一起，像

一个人一样奋斗前行。更厉害的是，当每一个人懂得BP以后，他就有了思想的武器，用这个武器可以击败自己的负面消极思想，同时还可以安抚周边的伙伴，甚至可以对反对的声音进行有效的抵抗甚至诏安。

在创业过程中，什么人最难搞定？有人说是投资人，我说“不”！你的老婆和丈母娘才是最难搞定的。你想想，你一年半载一毛钱也没往家里拿，还要从家里拿钱出去创业，谁会不高兴？一定是她们俩。不高兴了就天天跟你吵，天天给你负面情绪，你受得了吗？最后到了忍无可忍的时候，你大喊一声：“要么就支持我创业，要么就离婚！”这还不算完，你要知道更可怕的事情是你的团队成员都可能有自己的老婆和丈母娘，他们每天生活在唠叨的环境中，时间久了容易给你造成大量的非战斗性减员。

怎么办？让团队成员背BP啊！给他们逻辑的武器，巩固自身，同时抵抗外来的消极负面信息，甚至还可以用逻辑说服家里人支持他们创业。比如你可以这样说：“你看，我们创业成功会有多大的事业，我们根据××逻辑将会达成这个目标，我们的团队成员都有××。梦想一旦达成，这块饼里有很大一块儿是属于我的。老婆，你算算，到时候我们要有多少钱。你今天的支持将会换来我们幸福的生活，值不值？”

今天我为什么这么会写BP？那是因为我之前一直创业，写过不少BP，见了很多投资人，然后被拍砖拍了几年，终于被拍明白了。

案例2

要知道，最惨的那两年，我们公司没钱了，小伙伴们就从家里拿钱养公司。当时，我在天津创业，团队成员都是之前在别的公司年薪几十万的人。他们从北京、深圳来投奔我，到了我这儿，我给他们平均每月3500元生活费（还是税前）。后来我们团队全体成员又跟我到北京打拼，刚到的时候，我们几个小伙伴一起挤在一个暖气不足的一室一厅的小房子里，连床垫都没有。这群小伙伴每天跟我睡硬板床，冻得要死。有位团队成员的老婆受不了了，说不让他跟我混了。这哥们儿直接说：“要么跟陈步衡创业，要么离婚，你选一个？”最后还是他老婆妥协了。很多人说，陈步衡你是给团队成员洗脑了吧！我们团队共7个人，除了一个技术人员嘴巴确实比较“不灵光”以外（但他也会背BP），其他几个人都能在中国任何一个路演场上拿到冠军（只比BP和

路演水平）。当时他们为什么能够有如此强的说服力？因为他们有精神武器和商业信仰，他们相信自己正在做的事情会成功。要知道，每个人在说服别人的时候，其实是在说服自己。自己被说服了，执行力、忠诚度都会激增，从而完成那些本来不可能的事。

因此，BP除了找投资和整理创业战略，还有凝聚团队的作用。

BP是用来招聘优秀人才的

人最珍贵的东西是什么？很多人会脱口而出是生命！但在创业中，我们往往认为钱是最珍贵的。创业不能没有钱，没有钱寸步难行，很多人为此拼命去找投资。你想想看，你跟投资人聊的时候是不是卑躬屈膝、百般迎合呢？

那我们来看一下钱到底有多珍贵。今天天使轮给你300万、500万，你觉得很珍贵了。但要知道，钱这东西，投出去、花出去是可以赚回来的！赚回来的钞票除了编码变了，什么都没变，基本属于等物质回流。所以说到底，钱并没有那么珍贵。投资圈常说一句话：钱能搞定的问题都不是大问题。

我们再看看生命有多值钱？

你可以算算人一生有多少天。有人说，3万多天（哇，你能活到100岁，恭喜恭喜！）。就算你能活到100岁，你能不吃喝拉撒睡吗？你小时候能工作吗？你满头白发的时候也能工作吗？所以换算下来，你一生仅有4000天左右可以奋斗。如果我们把4000天换算成货币，一天一元钱，那你口袋里只有4000元。此刻，每天你出去工作就要往外掏一元钱，并且这一元钱是永远赚不回来的。你有没有突然发现自己的生命很短，手上的钱很少？

所以，人最珍贵的东西是什么？是时间！是生命！是人可以用来奋斗的生命时长！那么，每一位创业的小伙伴加入你的团队，相当于他把自己手里仅有的4000天划拨给你。你看，其实他也是在投资你，而且是拿他仅有的4000天职业生命来投资你！

想清楚这些之后，你该怎么对待他？把他当创业小伙伴，当一个下属，还是把他也当作一个投资人？最后一个选项才是正确答案。就拿我来说，团队里的成员不仅是我的小伙伴，更是我的投资人，我感谢他们用生命来投资我！那么，你想想我在招聘的时候会用什么方式？我对他们的招聘态度会和普通企业一样吗？他们在我团队中得到的尊重会和普通企业一样吗？

答案显而易见。

上文已经说了，找投资最好的方式是什么？是BP，是路演！你可能经常给投资人做路演，可你什么时候给你的团队做过路演？你什么时候对要招聘的小伙伴做过路演？

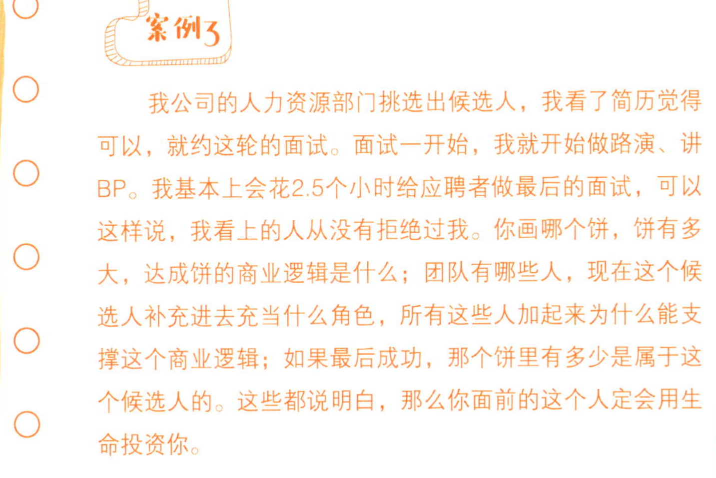

案例3

我公司的人力资源部门挑选出候选人，我看了简历觉得可以，就约这轮的面试。面试一开始，我就开始做路演、讲BP。我基本上会花2.5个小时给应聘者做最后的面试，可以这样说，我看上的人从没有拒绝过我。你画哪个饼，饼有多大，达成饼的商业逻辑是什么；团队有哪些人，现在这个候选人补充进去充当什么角色，所有这些人加起来为什么能支撑这个商业逻辑；如果最后成功，那个饼里有多少是属于这个候选人的。这些都说明白，那么你面前的这个人定会用生命投资你。

所以，你瞧，BP还能从外部源源不断地获取优秀人才。

BP是用来融资的

读完上文，你会发现用BP去融资是其所起作用里最小的。为什么这么说？因为你有一份好BP，就能基本保障你的战略是不错的；你有一份好BP，就能基本保障你的团队凝聚力是不错的；你有一份好BP，还能源源不断地从社会上招募到更加优秀的人才。那请问这样的项目是不是一定会发展得越来越好？这样的项目，投资人都是蹲在你家门口抢着要投的，融资自然就是水到渠成的事！

哎，各位亲爱的创业者，看到这里你们是不是心里拔凉拔凉的？“完了，看来这本书压根儿就不打算讲怎么融资。”

好了，虽然融资是BP所有作用里最不重要的，但我还是会在本书中重点谈一谈融资用的BP该怎么写，路演该怎么操作。谁叫咱们大部分人都是迫切需要融资的呢！

误区4：
一份BP“打天下”

我把用来拿投资的BP从篇幅上分成两类：完整版和精简版（也称路演版）。很多创业者发给投资人的BP长达30～50页，

有人甚至超过100页，里面密密麻麻地写着创业项目的所有细节。那么，这么长的BP真的有用吗？大家想想投资人有几分钟看你的东西？20分钟？10分钟？5分钟？都不对，只有1～2分钟，甚至30秒！别把眼睛瞪那么大，真的只有这么点时间。

让我来告诉你，他们是怎么看早期项目的。先看封面，因为好的BP封面上基本都写着你做的是什么。接着往下看第一页简介，看完了以后，直接跳到融资相关页面看你的估值和融资金额，判断一下你的轮数。种子轮直接看团队，团队扫一眼，还行的话就交给下一个流程，不行就直接扔进无意向的项目库。天使轮会多看一眼数据，看看有没有跑通的数据来证明你的商业模式和团队执行力。

理解了吧！1～2分钟，甚至30秒！当你知道投资人会看多少时间之后，你写的东西是不是就不一样了？很多创业团队一份BP打“天下”。在任何情况下，路演也好，约谈也好，就用同一份BP。你这是自寻死路的节奏啊！你要么讲不完，要么讲得投资人不感兴趣。通常，我建议给投资人发两份BP：完整版和精简版，让投资人自己选择看哪一份。时间不够，他可以通过精简版BP大致了解你的项目，真的感兴趣了，再等到晚上打开台灯、泡个茶，慢慢看你的完整版BP。这时候没人打扰他，他能看20分钟以上。

误区5：

自己想的就是投资人想知道的

创业小伙伴们，你们说说融资BP发给谁看？有人心想：废话，当然是给投资人看的，太显而易见了。但其实不然。

打个比方，上文提到创业路上最难搞定的两个人：你的老婆和丈母娘。现在，你要给她们分别写一封信说明你创业中碰到的困难：一年半载都没钱拿回家。你想想，你写给她们的口吻会一样吗？给老婆你可能会这么写：亲爱的，在创业的艰难困苦中，我想死你啦！但给丈母娘的信你也敢这么写吗？

你会发现，对不同的人说同一件事情，你会以不同的角色，用不同的语言，用他们听着舒服的口吻表达。写一封信尚且如此，更何况BP。BP就是写给投资人的情书啊！从这个角度审视，大家平常写的BP是不是有很多问题？比如经常写的都是自己想写的东西、自认为骄傲自豪的东西、自认为有必要展示给投资人看的东西……但这些往往都不是投资人想看的东西。我不止一次看过这样的BP，一开头一首诗，真的也是醉了！

这给投资人留下的印象只会是：幼稚、神经病……兄弟，抒发创业情怀没问题，但发给投资人的那份BP请把这一页删掉吧，因为他不想看，也不关心！

以上只是举例而已，大家可以想想自己的BP中有多少投

资人不想看的东西。总结一句话，写BP要有一种思维——投资人思维！请根据他想看的东西来写，按照他懂得的标准、思维模式和逻辑来写。如果你是要融种子轮，就请按照种了轮投资逻辑来写。进一步讲，种子轮投资主要看团队，兼看一些商业思路的创新。那么此时，你的BP就应该着重写你的团队如何厉害、商业思路是如何创新的。那天使轮呢？天使轮投资逻辑是团队实力强、清晰的商业模式。用跑通的基本数据证明你的商业模式和团队执行力，这才是你应该写的内容。

误区6：

看一份BP、听一次路演就能搞到投资

看到这里，很多创业者可能开始着急：“到底什么时候才开始教我们怎么写BP和做路演啊？”莫急，莫急，如果都不知道BP和路演的目的何在，你不是无的放矢、无法命中吗？

绝大多数创业者发给投资人BP或者上台做路演的目的就是想要拿到投资，特别是路演。很多创业者好不容易通过层层筛选进入路演场，所以极其珍惜这个机会，心想：“如果这次不把项目讲清楚，以后就没机会了。”于是你上了路演场啰里啰

嗦说了一大堆项目细节，恨不得把注册资本、注册地址及自成立以来的所有鸡零狗碎都说一遍。

但路演就好比谈恋爱。你看上一个姑娘，第一次约人家出来吃饭，你就直勾勾地盯着人家看，并且吧啦吧啦一堆自我介绍："我爸爸是谁，我妈妈是谁，我家房子在哪儿，现在家里月收入多少，你看咱什么时候能结婚……"

别觉得好笑，你就是这样对投资人说的。刚见第一面就想着被投资，兄弟呀，谁会因为看你一份BP、听你一次路演就给你投资啊，你真当投资人是冤大头么！那么BP也好，路演也罢，其目的到底是什么呢？

请记住这3个字——"感兴趣"！对，BP和路演的目的只不过是让投资人对你的项目感兴趣而已。这就好比你见人家姑娘第一面的目的到底何在？记住，是为了下一次见面！看完你的BP，听完你的路演，给你回了封邮件，或者给你递了张名片，那就是满分啦！

除了路演，约谈也是这样。创业者们常常是这样的：你好不容易通过路演，被人约了。哎哟，那个酸爽，那个兴奋……结果第一次约谈你就吧啦吧啦说了一大堆，恨不得把肠子都掏出来给投资人看。还是用谈恋爱来打比方，约谈也就是第二次见投资人，类似于第二次见姑娘。才第二面，你就又猴急了，恨不得又汇报一遍全家的情况，然后指着自己的左眼说："我

跟你说哈，我下眼皮上可有颗泪痣，你确定要嫁给我吗？”这样你能不把人家姑娘吓跑吗？

别笑，你们就是这样一次又一次把投资人吓跑的。BP和路演的目的是为了让投资人感兴趣，以便和你第一次约谈；第一次约谈的目的是为了让投资人对你更感兴趣，以便和你第二次约谈。就像谈恋爱，一开始有缺点不要着急说，要慢慢来，也许接触接触，相爱了也就不在乎缺点了，最后下眼皮上有颗泪痣也就无所谓了。对投资人也是一样，接触接触，越来越熟，对项目越来越有兴趣、有信心，最后即使发现有些不足，也不那么在乎了。所以，一直到第二次约谈为止，请对项目中那么多不必要的细节保持一些矜持吧！

误区7：

30秒时间的路演一定不能成功

你见过的路演有多长时间？3分钟，5分钟，8分钟，10分钟？我见过最长的路演有半个小时。这么长时间连我都不知道该教你讲什么、写什么。可是大家见过30秒的路演吗？

假设你在等电梯。“叮咚”，电梯门一开，刚好俞敏洪站在里面。你激动得不得了：“哎呦，俞敏洪！不对，是俞总！不对，是俞老师！俞老师，这个……那个……久仰大名，久仰大名！我是听着您的课长大的……以前都是在电视里见您，从来没见过活的……嗯，不对，从来没见过您的真人……对了，俞老师，我有一个项目，您看看感不感兴趣？是这样的……我们是做××的，项目特别新颖，很好的项目……”

这时候，“叮咚”，电梯门开了。俞老师说：“不错不错，年轻的创业者，项目不错，加油！我们以后再见哈！”说着他大步走出了电梯。“再见”？你觉得你还会再见到他吗？你可能这辈子都只能在媒体上见到他了。所以，如果只有30秒的时间，路演怎么做？如果没有提前准备，一紧张你什么也说不出来，就会白白浪费宝贵的机会。

大家知道分众传媒的创始人江南春吧？据说当年他就是在上厕所的那点时间内快速介绍了自己的项目，引起了软银资本的兴趣，并且拿到了软银的投资，成就了今天的分众传媒。

大家可以想想，两个男人上厕所，站在那里，一共会有多少时间？我可想象不出站在那个地方会呆上3分钟、5分钟。

那么，30秒的路演怎么做，所用的BP是什么样的呀？仔细阅读本书接下来说的“项目简介”吧，把它编写好，背下来，总有一天能用到！

所以，有这么多种时长的路演，你的BP应该有多个版本。我创业的时候，电脑里有上百个版本的BP。上百个版本意味着什么？到什么场合，要见哪一种投资人，时长多少，我用的BP都不一样。

版本那么多，核心内容大同小异，下一章中，我将用5分钟的精简版BP和路演来具体分享我的经验。

5. 自己想的
投资人想

6. 看一份BP、听一次路演就能搞到投资

1. BP是英国石油公司或人力资源部门的派出人员

2. 路演为商场外面的露天演出

3. BP仅是拿来融资的

4. 一份BP"打天下"

完整版
+
精简版

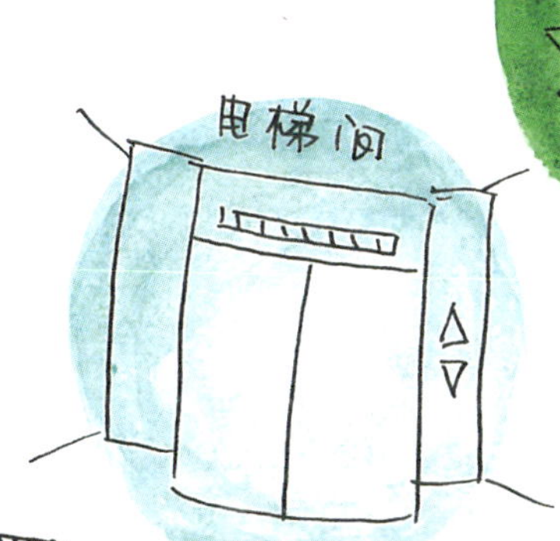

7. 30秒时间的路演一定不能成功

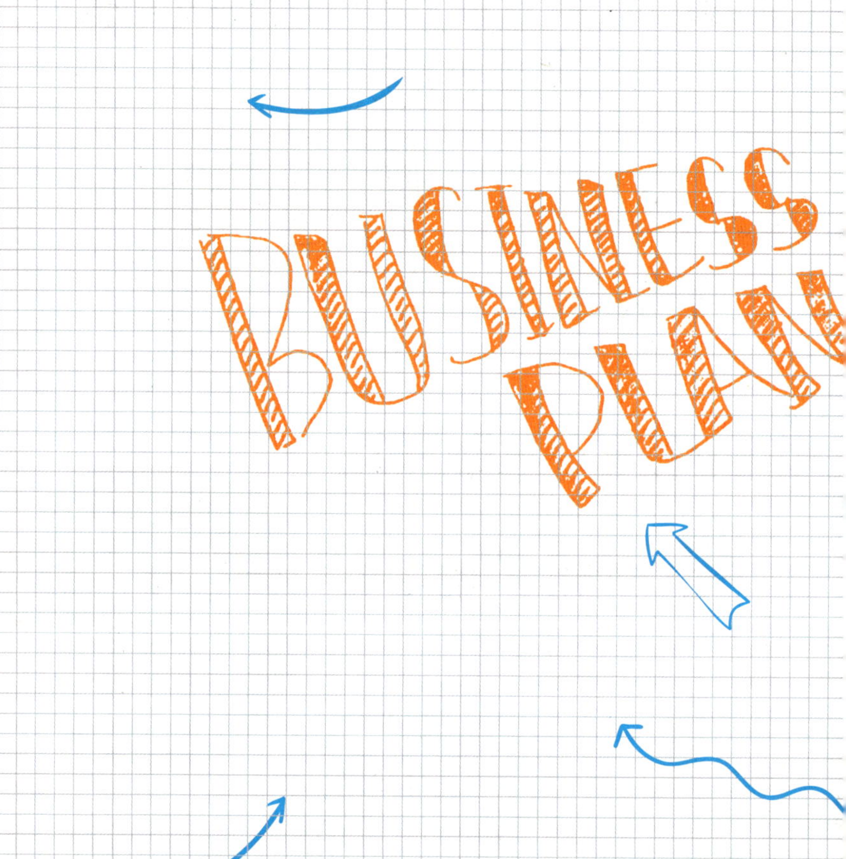

第二章

只有写对了，才能演出色

投资者可不会白白将钱送给你，他们才不是“冤大头”呢！用你的创业热情燃烧他们，用你的整个商业逻辑征服他们，用你的撒手锏紧紧抓住他们……你需要掌握商业计划书的正确打开方式。本章将精准抓住投资者心理，一字一句地教你如何书写商业计划书的每一页、每一要素，助你成功打造一份完美的商业计划书。只有写对了，才能演出色！

精简版BP的要素，各家有不同的观点和意见。我总结了自己多年指导项目参加路演的经验，建议初创团队种子轮、天使轮、A轮前的精简版BP讲到10个基本要素外加1个隐藏必杀技就可以了。

封面：
一脸定“江山”

别让无用信息毁了你的封面

我们来讲BP的第一个要素——封面应该怎么写，开始之前我们先看一个创业者的BP封面。

海滩PPT模板出现了。封面上写的是——北京小蜜蜂网络科技有限公司，商业计划书，2016年5月，汇报人：张一飞。看着是不是很眼熟？有多少创业者的BP封面都是这样写的。你可能会问，这有什么问题呢？

我们从第一行来看：北京小蜜蜂网络科技有限公司。

（1）有限公司没有必要出现。目前绝大部分注册公司都是有限公司，所以不必刻意强调这点。路演的时候更有意思了，路演人可能会这么开场："大家好，我叫张一飞，我来自北京小蜜蜂网络科技有限公司，我是CEO。"你看，这差不多已经浪费了15秒了。他整句话中的重点信息只有"小蜜蜂"这三个字，并且还混在一堆无效的信息里，这严重干扰了投资人对它的理解。

（2）地区没有必要出现。写明北京还问题不大，因为北京作为中国创投中心，近年来项目报价是最高的，但如果你在北京融资却告诉大家你是外地项目，就会产生很多不利影响。首先，各地项目平均实力不同，容易造成投资人对外地项目主观上的轻视。其次，对外地项目的约谈、尽职调查都不方便，分数就又打个折。比如，我最早在天津起家，在天津圈内大家都叫我“天津最著名的创业导师，没有之一”。在天津，这个“江湖称号”应该还是比较厉害的，可是我刚来北京讲课时，总感觉自己是个非主流的导师。于是，我在讲课时经常会对到场的创业者们说：“我期待有一天你们把我捧红了，我能把‘天津’两个字去掉。”现在，我已经凭借自己的实力在北京闯出了一片天地，这也让我更加关注和理解外地项目在北京的融资。如果以北京同等水平项目的估值为基准，一般天津项目打8折，河北打7折……

刚上场，还没让投资人对你“感兴趣”，项目就被打了折扣，着实有些冤。那怎么办？还是以谈恋爱为例，在现实生活中，不排除有些人会有地域歧视。如果你约人家姑娘，一上来就说“我是××地区的人”，这样获得对方芳心的概率可能会大大降低。但是如果你先不提，谈着恋爱，慢慢等姑娘深爱上了你，然后再说“我来自××地区”，那她会怎么说？

“哎，以前我还不太喜欢那个地方，没想到遇到你，我才发现那个地方的人也很优秀、很善良！”约姑娘如此，约投资人不也一样吗？所以，有降低投资人兴趣风险点的地方（如项目所在地）不要提，等到路演最后或者BP的最后部分再说。那个时候投资人已经认为你的项目靠谱了，在哪个地方也就不那么重要了。

（3）公司名称有时没有必要出现。有很多公司的品牌、商标、项目名称和公司名称根本没有什么联系。比如“美团”，它的公司名称为“北京三快在线科技有限公司”，再比如“滴滴”，它的公司名称为“北京小桔科技有限公司”。它们的公司名称和品牌名称看上去一点关系都没有。如果你的公司是这种情况，那就没有必要把公司名称写上去，只需写上项目名称就行了，以便突出重点信息。

我们再看看，这个案例第二行写的是“商业计划书”。

（4）“商业计划书”5个字没有必要出现。发给投资人也罢，进行路演也罢，谁不是用商业计划书？还需要你告诉大家吗？路演的时候必须让所有人的精神都高度集中到你这里，不能让他们分神，所以你提供的每一个信息都是有效的，不要浪费宝贵的“黄金时间”。

接着往下看，“汇报人：张一飞”。

（5）项目汇报人的名字没有必要出现。你叫张一飞、张二飞，还是叫张三飞，投资人关心吗？

案例5

有这么一个段子，说有一次一个美女在徐小平老师演讲完之后挤破了头从人群中钻过去，冲到他面前说了一番她的项目。徐小平老师听了觉得非常好，说："好！我投！"然后那个美女说了一句话让大家大跌眼镜："哎呀！小平老师，我今天不是找你投资的，你已经投过我们了……"

投资人连投过的项目都有可能记不住，怎么会记得在那么多路演场上看过的项目汇报人的名字？除非你是毛大庆，是雷军，或者你已经是创业明星了，才应该写出来。

（6）版本日期没有必要出现。封面上的"××年××月"，有的创业者认为很重要。为什么？"这可是我们最新的BP啊！上一个月的BP和这个月的BP完全是两个版本，商业模式、逻辑都变了。""之前介绍的是1.0版产品，现在介绍的是最新的2.0版产品。"你认为这非常重要，可是你想过吗，在投

资人看来，这个月的BP和上个月的BP没有什么区别。如果你需要区分这些BP的版本，在文件名上备注就行，没必要写在BP封面上。

三项重要信息成就一个好封面

那么，到底封面上该写些什么呢？什么样的封面才能打动投资人呢？

（1）项目名称。项目名称必须写上，比如上文提到的

“小蜜蜂”三个字。

（2）要写一个对风险投资的品牌口号。不管是在邮件里收到你的BP，还是在路演场上看到你的BP，都需要让投资人一下子就能确定你是不是在他的投资领域里、大概干的是什么、特色是什么、干到什么进度了。让他知道是应该直接把你的BP扔进回收站，还是应该瞪大眼睛仔仔细细地看你的BP或路演。

封面多重要啊！你想想，如果是路演，从上一个项目路演结束到你路演正式开始，这中间有好几秒，屏幕上显示的都是你的BP封面。你应该充分利用封面，让投资人提起一百二十分的兴趣来期待你的路演。

那么，什么叫作对风险投资的品牌口号呢？我们常见的品牌口号都是对风险投资的。它们一般都会让我们先了解企业的产品，比如我们知道苹果公司有iPhone，有iPad，然后它写了一个“Think different”给产品增加了一个很独特、很有感觉的灵魂。但假设你不知道他们的品牌和产品，只看这些对风险投资的品牌口号，大多数情况下你无法判断出它是什么产品和所在的领域。

如果投资人从你BP封面上的品牌口号判断不出你是干什么的，也就没有办法对你提起兴趣。我们要写在BP里的品牌口号是对风险投资的，需要大概勾勒项目属于哪个行业、干的是什

么事、怎么做这件事、目前做到了什么阶段等。最好是用10个字以内的一个关键词组表现。

案例6

之前我有过一个持续了4个月的创业项目，后来被中信国安“招安”了，叫作“创步落”。BP上的品牌口号是“深度创业虚拟孵化”。首先，我先定义我是做什么的？我是做孵化的。我把孵化这个关键词放在整个词组的最后。然后，我在前面加上诠释这个关键词的定语。我是什么样的孵化？不像众创空间有场地，我是虚拟孵化。再继续往上加定语，是什么样的虚拟孵化呢？不是浅层次的，而是深扎到创业团队里的深度创业孵化。按顺序排列起来，就成了“深度创业虚拟孵化”。

（3）做好UI设计。男生平常上街老是不停地东张西望，为什么？对，就是看姑娘！问题是你看的是什么样的姑娘，丑八怪大恐龙你看吗？所以你看的就是外貌。有人说心灵美最重要，没错，问题是心灵美是要通过接触才会知道的，刚一见面，谁知道

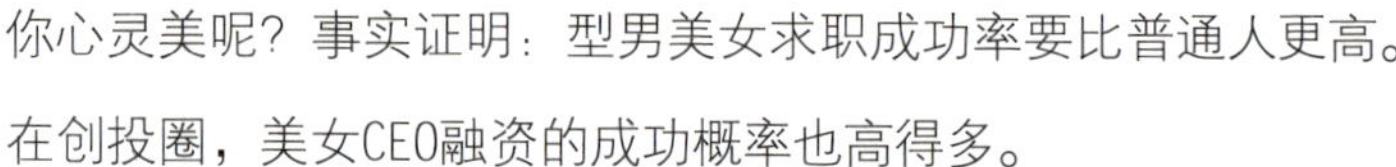

你心灵美呢？事实证明：型男美女求职成功率要比普通人更高。在创投圈，美女CEO融资的成功概率也高得多。

人看脸，那BP呢？BP其实是一样的，也是先看“脸”。我们常常看人先看脸，那么有BP就要先看封面，所以BP封面的美观程度就很重要。像我们举的这个“小蜜蜂”的例子，它的BP封面就没有经过专业设计“打理”，显得比较粗糙。如果你做的是互联网产品或者是智能硬件，又或者是其他一系列比较注重美工设计的项目，这样的封面一看就让人感觉特别不专业，会瞬间暴露产品团队的短板——缺乏靠谱的美工设计。初创项目主要就是看人、看团队，结果还没开始仔细看你的BP，就发现团队有短板，你说融资成功的概率会高吗？我常常用一句话调侃：“封面烂，回收站！”所以，封面的UI一定要做好，具体怎么做，在后文我还会详细介绍。

情怀：
20秒画出你的灵魂

亮出你的灵魂

BP里的情怀是什么？是为什么要干这件事，为什么在这个

领域创业，干这件事情的原动力是什么？比如，我学某个专业，前半辈子只干了这一件事没干过其他的事；或者我从小对某样东西感兴趣，坚定了这辈子要做和它相关的事情；或者我们家祖传三代都做某件事情，我有传承的义务；或者我作为一个消费者一直消费某类产品，有些地方实在不爽，而一直没有商家来解决我的这个不爽，我忍无可忍，决定一定要为与我有同样经历的消费者造一款“解恨”的产品；或者是我爷爷临终时告诉我一定要做某件事，那都算是情怀……总之，不管怎么说，创业的心理本源叫作情怀，这是BP和路演里应该体现的东西。

如果把BP当作一个人，封面是脸，脸上最重要的东西是眼睛，那情怀就是BP的眼睛。为什么？因为我们通过眼睛，能看到一个人的灵魂，看到他的善良，看到他的冲动，看到他的激情，看到他的坚定。同样，投资人需要通过BP和路演里的情怀看到创业者、创始团队的灵魂。毕竟早期项目就是投人。

有很多BP、路演都不讲情怀，这就相当于一个人走路挡着眼睛。北京出现雾霾时，很多美女喜欢戴着口罩外出。你走在街上，看到一个美女挡着嘴，远远走来，你会觉得怎样？对！有神秘感。你走在街上，看到一个美女挡着鼻子，远远走来，你会觉得怎样？嗯！有神秘感。你走在街上，看到一个美女挡着眼睛，远远走来，你会觉得怎样？呵！有病！

别笑，你笑的其实就是我们自己的BP和路演。走路挡着眼睛我们会觉得很可笑，但是有多少人写BP和进行路演的时候露出了眼睛！画龙要点睛，没有情怀就失去了眼睛，失去了灵魂。

BP的情怀可以放在前面说，也可以放在后面说，但也有需要注意的地方。

来看个反例，有位创业者在BP里写了一首诗，诗本身写得不错，但问题是它写的是致创业，是写给自己的。这是投资人想看的吗？不是。创业者抒发的致创业的感情并不是BP里应该体现出来的情怀。换句话说，BP里不应该有致创业，而应有为什么会进行“这项创业”。所以即使诗写得再好，对整个BP却没有任何提升，反而让投资人感觉奇怪。

有情怀才能打动人

有的人可能会问为什么一定要有情怀呢？投资人也是人，但凡是人就分两类：感性的人和理性的人。

第一，用情怀抓住感性的人。

针对感性的人你该说些什么？我一上课有的人就点头、笑、回答问题，这些都是感性的人。平常路演看到这种感性的人就要紧追不舍，给他讲情怀，打动他、控制住他。现在，在创业热潮之下，许多人都出来当投资人，但凡有点资金，都希望递出一张“××资本”合伙人的名片。

这些人有丰富的投资经验吗？没有。没有太多的投资经验，所以他们对项目的判断更多凭借听到你路演后的感性认识，觉得好就想投，完全是一股冲动。所以对这一类投资人，你要对他讲情怀。还有的投资人，他不是新手了，但仍然保持感性的习惯，因为他感性地投了一些项目，最后投成了。

比如徐小平老师，他很感性，直觉非常准确。他曾经投了“聚美优品”，创造了1400多倍回报的纪录。赚了这么多钱，他从此更加相信自己的感性和直觉。而事实上，徐小平老师可不是随性而为的，他对创业者，对初期项目的感觉都非常到位和准确。

第二，用情怀里的逻辑征服理性的人。

那对理性的投资人要不要讲情怀？要的！为什么？虽然理性的投资人可能不看着你，也可能面无表情地看着你，但是他在听你情怀里的逻辑。我们看情怀里有哪些逻辑。

（1）找到靠谱的创业者。你是不是一开始就很坚定地做这件事，对于创业，你是不是盲目追随当下的热潮，等等。通过这些可以判断你是否为投机者，你的初心在哪里。因为只有真正的创业者才更靠谱。

（2）找到有决心的创业者。在创业的路上会碰到各种困难，即使这一轮投资拿到了，下一轮投资拿不拿得到又是另外一码事。在种种困难面前，有情怀的人才更能坚持下去。投资人投或不投，你有工资还是没有工资，都已经决定这辈子要干这件事，秉承着这样的决心，你的成功概率肯定比其他人更高。

（3）找到了解行业和市场的创业者。有情怀的创业者不是头脑一热就决定做这件事，他对自己的项目一定经过了长时间的调查研究，有深入的了解，有深刻的认知，所以比起那些没有情怀的创业者，他对行业的认知度更高，对市场的分析更准确。

（4）找到有超强说服力的创业者。有情怀的创业者有更强的说服力啊！你是否注意到一件有意思的事情，即使某个创业者平时不爱说话，也许他理工科出身，不善言辞，但是当他开始讲和自己专业有关的事情时，会说个不停，眉飞色舞，兴奋极了。

我曾经在辅导的一个做飞行体验的项目中，就遇到过这样一位小伙子。他是一名顶级工程师，做过国产大飞机项目。这么厉害的一个人，平常说话面无表情，说的话我都听不懂。但只要你跟他聊通用航空，他就会眉飞色舞，手都动起来了。你会感觉到他脑袋里面充满了整个创业场景、行业场景，并且有非常强的说服力。

你想想，这么一个有激情、有说服力的人，是不是将来更容易搞定行业里的客户，搞定商务拓展伙伴？最重要的是，更容易搞定下一轮投资人。

（5）找到同样灵魂的创业者。物以类聚，人以群分，有情怀的创业者更容易吸引有情怀的创业者，这一群人能够把有情怀的事情以几何级别放大，并且可复制。我们可能会看到一群“疯子”，但这样的团队都是非常棒的团队，因为他们的各个方面都很强大。

因此，从这几个方面来看，理性的投资人也更偏向有情怀的人。

20秒搞定你的情怀

但只讲情怀能行吗？要牢记，情怀只是锦上添花，并非主体。眼睛是要有，但是全身上下长满了眼睛，那是什么？那就是妖怪（当然，也有可能是个筛子或者漏勺）！所以全是情怀也不行。许多大学生创业的BP我都不敢看，因为没有主体，全是情怀。因此，大学生创业的成功概率非常低，不到2%。这还是2015年的成功概率，2016年资本冷下来，我估计不到1%。大学生朋友看到这里，不要丢我鸡蛋。所以我说你们要好好看看咱这本书，学会写BP。

那么，我们来量化一下，情怀应该讲到什么程度。以5分钟的路演为例，基本上讲20秒就可以了。如果是8分钟，则相应增加到25秒至30秒就可以了。

再强调一下，情怀是所有BP要素里唯一一个可写可说的要素。什么意思？就是你的BP里可以不写情怀，但是路演中一定要有这个环节，一定要说。但如果你有一些内容是可写，还是写出来比较好。

再和大家分享一个正面的案例。

我有一个“创业深度孵化内容商”的项目，叫作“深孵”。我路演的时候把情怀环节放在最后。路演快结束时这样说：11年来，我一直在创业。我深知创业者在这条创业的道路上有多么艰难和孤独。我们愿意做创业者的伙伴，在他不知道方向的时候为他指明道路，在他遇到困难的时候为他伸出双手。投资人们，请支持我们吧，因为你们支持我们，就是支持中国创业（者）！谢谢！

在这段情怀抒发中，我提了几个点：

第一，我做这件事的根源是什么？11年来我一直创业，换句话说哥们儿不会干别的，就会创业，就了解创业者。所以我保证会在这条道路上一直走下去。作为早期投资人来说，他们投资我的话不容易亏光，因为这个创业很容易延续下去，就算被并购、“招安”、再创业，他们的投资也可能会以其他形式存在。

第二，我们能做什么，打算如何坚定地实施下去，我们想为社会提供什么样的服务。

第三，讲情怀时往往要施加一些压力给投资人。具体在我这个案例中就体现为：我们是为创业者服务的，请支持我们吧，因为你们支持我们，就是支持中国创业（者）！换句话说，你不支持我，你就不支持中国创业（者），这样就会把这种压力隐形地传递过去。

当我们说了请支持我们，支持我们就是支持中国创业（者）之后，大家的反应如何？在座的投资人都鼓了掌，鼓掌就代表认同。不管是真认同还是假认同，有人鼓掌，他周边的投资人也会鼓掌，他觉得有人认同了，这个事就靠谱，有道理，这是“从众效应”。在后文中我还会详细解读这个效应。

项目简介：
任性的100个字

项目简介是BP的脖子。大家平常为什么喜欢吃鸭脖子？因为那个部位的肉特别细，纤维特别长，每一条都能撕下来。为什么鸭脖子的肉可以撕下来呢？因为鸭脖子是非常有韧性的，它的伸缩性很强，在整个鸭身上起着承上启下的作用。这和我们的BP完全一致。我们在封面上写了一个对风险投资的品牌口号，提到我们是谁、干什么、怎么干、干到什么程度，但只有

12字，能说得明白吗？它只能做到让投资人对你感兴趣，要慢慢展开的话，你就需要一个扩充版的品牌口号，把最精简的话扩充为较为具体的内容，而简介就是扩充版的品牌口号。简介还能承上启下，在这一页简单介绍项目，也就开启了之后的各页具体的详细说明。

项目简介是讲一些实际内容的，包括我们是谁、我们干什么、我们怎么干、现在干到什么程度了，至少4个方面的内容。

有一个很厉害的项目，简介却写成了这个样子。

传媒—中国文化传媒行业领先品牌
传媒（media）
传媒（media）：
市场简介：1 2
商业模式：1 2
竞争优势：1 2 3
融资摘要：
[反例]
简介4H：
WHO
HOW
WHAT
WHERE
可删掉

看看融资摘要，计划融资1亿~2亿，多大的项目啊！这么大的项目，它的简介怎么会写成这样呢？很多创业者唯恐投资人看不懂，特别怕投资人不了解，所以想尽量在简介这一页把自己的情况说明白了。那我们还要BP干什么呢？我说承上启下，启是什么？是开门，不是整个房间里都是门，你只须开一扇门，一会儿再进入房间慢慢看。你在简介写了商业模式，写了竞争优势，写了融资摘要，写了市场产品，什么都想写，那么，我问你写出来能干什么？

我曾担任新浪集团2015年年度创业大赛的总教练，并为他们辅导过一个项目。我让创业团队把简介调出来，调了3分钟都没调出来，最后我问团队负责人怎么回事，他说：“老师，我不知道该给你哪一页。”我蒙了，简介还有几页？“你写了几页？”他说：“我写了7页。”简介写了7页！路演版的BP一共才多少页？10~15页。他竟然写了7页简介。看来这还是一个比较普遍的问题。

简介写这么多页，首先念不完，等好不容易念完，时间也用完了，你就直接下场吧。其次，现场后排的朋友能看清这些字吗？完全看不清，即使看得清，信息如此密集，脑子也跟不上啊！

因此，简介一页就够了，要简明扼要。具体来说，就是100个字，顶多再宽限20字。如果我没有给你限定，你可能乱七八糟写一堆，一旦知道只能写100～120个字，每个人都能写出来，也知道该写些什么。举个最简单的例子，百度百科介绍一个比较复杂的名词时，上面就一段，下面会具体细分，参照这个来写你的BP简介就可以了。

记住要“简介”，简单很重要，也就是简明，扼要，不要长。

用户痛点和解决方案：

“唰唰唰”抓住投资人

接下来，我们说用户痛点和解决方案。用户痛点和解决方案是整个BP的脊梁。脊梁是什么？是身体的支柱。它支撑我们身体众多重要的部分。如果把BP的其他要素都当作我们身体的各部分，那么整套商业逻辑都跟这一页相关，比如市场分析、团队、竞品。如果没说明白用户痛点和解决方案，其他所有的逻辑都是不成立的。归根结底，用户痛点和解决方案说的是什么？是项目存在的必要性。

这一页内容该由几部分组成呢？是由三个部分组成：用户是谁，痛点是什么，对应的解决方案是什么。

用户分析越透彻越好

现在，我们来看看第一部分：细分用户。用户为什么一定

要提“细分”两个字，因为绝大多数创业者的思维是很分散的，追求大而全，不懂得取舍，而往往越强的团队越有这个特征。

案例12

我曾碰到这样一个项目，创业者有3个人，分别为负责前端的技术“大师”、负责后端的技术“大师”、外聘的首席执行官。首先，这两个“大师”都拥有很好的资源。外聘的首席执行官想做一个直播平台，想做内容。因为她认识韩国驻中国（国际）商会的会长，这个会长的家族有一个韩国主播的培训频道，还有主播公司。这些都可以整合到平台上做内容，比如教大家如何做直播，教大家学韩语、唱韩语歌、跳韩国舞蹈，教大家化韩妆。过了段时间，她又把内容扩充了，说打算再加入中国元素，比如把中国的主播也加进去，然后让韩国人训练他们，把韩国主播和中国主播培训完后再让他们拍片子。她说已经有第一个演员了，就是这个韩国驻中国商会会长的儿子。这还没完，她又说：“陈老师，我们要做得更大，一定会更成功！”当时听了她的话，我的心凉了半截。她说自己以前是世界500强的人力资源总监，有一个微信群都是世界500

强的人力资源总监，可以通过这个平台做招聘，做人力资源总监的培训，做世界500强的培训，并且只要一招呼，他们都可以上这个平台。当时她说完，我的心又凉了半截。她接下来的想法让我的心彻底凉了。她说，还有一部分做微商的好朋友，他们经常开设各种课程，在全国招微商代理；她跟他们谈好了，这个平台只要一做完，他们就会上她的平台，自带流量，直接在平台上听他们的课、做他们的代理。如果这个项目单纯是关于韩国文化的直播平台，虽然现在直播已经泛滥了，但起码我还是看到了一点希望。但要加上中国元素，加上人力资源总监元素，最后再加上微商，这就变成一个四不像的项目。我对她说："这四个项目里选一个来做都可能有戏，但四个不同的内容混在一个平台上来做，即使都有资源，也都干不成。"

我们经常说一脚踏两条船必然会翻船，创业是同样的道理。现在她是四条船都想踏，那就更不用说了。何况我还提醒她：这个项目中，你的重点和优势是什么？是内容。但她一定要做应用程序（APP），只因为团队里有两个"联想"的技术"大师"，为什么要浪费呢？这种本末倒置的逻辑，实在让人哭笑不得。你的优势是内容，中国的直播应用程序都打成什么样了，你还插一脚？内容为王，植入到直播平台中，即使这个

平台倒了，你还可以转到其他平台，甚至还能同时在各个平台的频道播出。结果呢？自己做这个平台应用程序，费时又“砸钱”，得不偿失。

这位创业者的逻辑就是：我手上有资源，所以我要尽量都用上。而往往越强的团队越容易出现这个问题。

举个例子：某个创业团队共3个人，分别做过女性、养老、留学的项目。3个人准备做一个新项目，3个人都有资源，能力都很强，为了不浪费自身资源，最后他们居然打算做一个“老年女性留学”的项目！多少创业者都是用同样的逻辑创建了各种奇葩的“狗血”项目，而这纯粹是为了创业而创业。

因此，我们需要在用户上做聚焦、做细分，细分到什么程度？

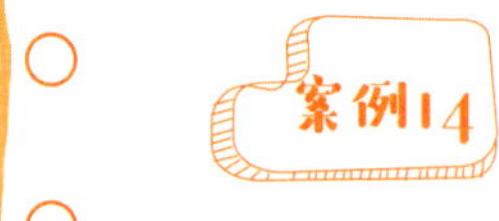

举个例子：住在一线城市高档小区25~35岁已婚未育养猫女性。这是一个带着定语的名词。它很长，其长度没有限制，在合理范围内越长越好。因为每一个定语都在缩小包围圈，最后只需要包围那一小群人。你说包围这一小群人容易，还是包围一整群女性容易？

你们做的用户分析有没有这么精准？只要用户分析透彻，推广模式、市场份额、运营成本，基本上全都出来了。

戳中最痛点，才有东西做

第二部分：戳中痛点。碰了会痛的叫痛点。痛点指的是在市场里，用各种方式都无法疏通的困难点。说白了，市场里无解决方案的点才叫痛点。越强的团队越抓不住痛点，并且把痛点想成了需求，因为他们手上往往有资源、有能力。

痛点理解错了，后果是很可怕的。

案例15

住在一线城市高档小区25～35岁已婚未育养猫女性的痛点是什么？她们要上班，所以上班是痛点。她们要吃饭，所以吃饭是痛点。她们要买衣服、要订水，还要请保洁……你这么分析下去，最后你会做出一个什么？一个针对一线城市高档小区25～35岁已婚未育养猫女性的“58同城”！

那么，这群人的痛点到底是什么？有人说，猫生病要治病这是一个痛点。那请问这和她们处于25～35岁有什么关系？有人说，她们把猫当作自己的孩子是一个痛点，这跟她们25～35岁没孩子有什么关系？有人说，想要生孩子是一个痛点？那跟她们住在高档小区有什么关系？等等，住在高档小区意味着什么？有经济基础，有消费能力。有消费能力的痛点是什么？钱花不出去，找地方要花，这是第一个。25～35岁代表什么？年轻，消费方式比较前卫，我们可以通过互联网传播。第二个，已婚未育代表什么？代表她们可能准备生孩子。但她们又养猫，这意味着什么？是育前必须去做弓形虫（猫身上容易携带的一种可致胎儿畸形的寄生虫）的检查，同时她们又有比较好的经济基础，所以她们可以做精细、高端甚至是上门服务的检查，而且这些检查项目可以通过互联网推广。当做完以上分析后，是不是瞬间就出来一款产品或一个项目了？

分析清楚痛点之后，马上就可以找相应的资源方去做这件事。这个案例就是告诉大家，要做就要做击穿最痛点的那个东西。

解决方案，一两句话就可以

第三部分：解决方案。解决方案就是产品。很多人在BP里写大量的产品，1.0版长什么样，有哪些功能，2.0版长什么样，又有哪些功能，我们计划将来3.0版做什么样，经过1.0版的数据分析我们发现哪些功能没用，需要去掉……我真的见过创业者被哄下台的，就是因为他把10分钟的路演完全变成了产品说明会。

投资人关心不关心你的产品？关心。但他更关心的是你的逻辑、思路、方向和解决方案。投资人不缺钱，他们相信自己只要投入资金，你就能做出这个方向上的不同级别、不同时间梯度的产品，前提是用户是存在的，这个痛点是真实的。所以，你没必要过多地说产品，你自然而然会去更新它的。1.0版出来以后，如果某个功能没有人用过，2.0版的时候你还会把它放在那吗？你一定会把它迭代掉。

因此，请大家记住，解决方案就是产品，展示的时候，用一两句话提出它在你解决方案中的核心亮点功能即可。

案例16

以“极路客”行车记录仪的项目为例，该产品提到的解决方案就是让人们快速地把摄像头里的行车记录数据传到微信朋友圈。具体来讲，只需按一键，就能快速地把前6秒和后6秒的拍摄内容编成小视频快速分享到朋友圈里。极路客一定还有很多其他功能，但是没有必要一一说明，因为核心解决方案已经通过产品摆在那里了。

路演必须争分夺秒，投资人只是在瞬间对创业者或其项目感兴趣，剩下的都是遐想，甚至有投资人称，最棒的体验是他觉得你说得对，并愿意给你提出更好的建议，那就有戏了。因此，BP和路演重要的是在方向和思路上让投资人认可，其余细节都不应出现。

“动”起来才能进入逻辑体系中

用户痛点和解决方案怎么写呢？一页用户，一页痛点，一页解决方案，这样可以吗？用户痛点和解决方案是整个BP的脊梁，应该非常具有逻辑性，一旦逻辑不通就会全身瘫痪。但是我们平常都用PPT展示，它只能单页显示，讲下一页的时候，大家一般也都忘了前一页讲的是什么，整个逻辑连不起来，商业思路也就中断了。所以，怎样把上一页的逻辑连接到这一页来，成为创业者的重要任务。

那该怎么办呢？我们平常看东西会习惯性地把两个类似的东西进行对比，左手拿一个，右手拿一个，左右对比着看，但分页PPT是做不到的。要牢记，提到用户痛点和解决方案的时候，不能把它们分开写到不同的页面中。如果非得分开细写不可，那也要保证第一次提到这三个元素的时候是在一页里。

但是这样做，又会出现一个问题：内容明显偏多，容易使人分神。所以PPT上的内容不能多，东西一多，你路演时都还没讲到用户，或者还没讲到痛点，投资人就开始直接看PPT上的解决方案了，根本无心听你说什么。这样一来，投资人对整体逻辑的吸收就会打折扣，一打折扣，他们就无法专注地理解和认同这整套逻辑，之后的投资就更无从谈起了。

那到底怎样能全部讲清楚，又不分散投资人注意力呢？人的眼睛和青蛙的眼睛很像，重点关注“动”的东西。比如老师正在讲课，教室里有一只苍蝇飞过去，你立刻会关注那只苍蝇。所以，为了让现场的投资人注意力集中，路演BP里的页面内容需要“动起来”。具体来讲，可以把一页PPT分成左中右三个部分，左边说用户，中间说痛点，右边说解决方案，然后通过动画聚焦注意力。一开始只显示用户，其余两部分暂时空白，什么都没有，这样投资人看的时候就不会分神。PPT上只显示用户的时候，你就踏踏实实地讲用户。随后，关于这些用户，我们分析他们有如下痛点，“唰唰唰”用动画闪现出中间部分的用户痛点。这样投资人听的时候可以很自然切入并将注意力放在用户痛点上，同时又和前面的用户能够对应得上，逻辑清晰且注意力集中。

讲完用户和痛点，解决方案随之而来，投资人自然会认认真真地听，同时去对比前面的用户和痛点。理想状态就是：问投资人是不是这样，他说是；问他对不对，他说对；问他投不投，他说投。所以说，讲用户痛点和解决方案最关键的是让投资人进入你的逻辑体系中。

市场分析：

世界有多大，饼就画多大

细分市场有多大

市场说白了是什么东西呢？就是你要给投资人画一张饼，你要告诉投资人这张饼有多大，或者以后能变成多大。风险投资的投资人其实大多带有赌徒的气质，投资成功是一件低概率事件。投资与赌博，哪个成功概率更高？我说赌博的高，你相信吗？比如你买大小，成功概率是50%，但是投资（特别是风险投资），种子轮做得好的一般是10：1，顶天了也就5：1。像Y Combinator（简称YC，美国著名创业孵化器）一样做到70%的，世界上没有几个团队。

所以，大部分投资人的成功概率是远低于赌博的。对他们来说，既然成功概率这么低，就希望万一成功的时候能赚得多一点。就像买体育彩票，很少有老太太、老大爷排队买彩票的场景，为什么呢？因为他们人性中的赌性没有被激发出来。老太太可能会认为，有这个钱还不如买两个鸡蛋。但是如果奖金调整为2000亿，想想会出现什么情形？不成功则已，一成功就是“马云”。大家算一算，即使年薪几十万，从石器时代开始赚都赚不到2000亿啊。年薪100万不少了吧，从100年前的1917年开始算起，赚到现在你才能有1个亿。当奖金为2000亿时，当给老太太、老大爷一个不可能的结果、一个不可能获得的巨额财富时，他们的赌性就被调动起来了，尤其当他们的赌资只占其总财产的很小一部分时，他们更愿意进行这个赌博。

对投资人来说，今天要投给你的200万、300万、500万，相对于他的赌资，其实就跟老太太的两个鸡蛋钱是一样的。他本来就要花出去，他本来就预估它可能会亏掉，而且亏掉的概率还挺高，那么他为什么不做一个更大的项目呢？所以，饼要够大，比如万一我这个东西做出来，我就是世界巨头，是行业老大；或者即使我没有做到行业老大，只是行业前几名，我也能是“独角兽”；又或者即使做行业老九，我也能上市，能上“新三板”。那么这个时候投资人就会想，这个项目我可以多看两眼。

这里举一个反面案例吧。

案例17

假如某公司搞一个创业导师专用的翻页器，技术相当

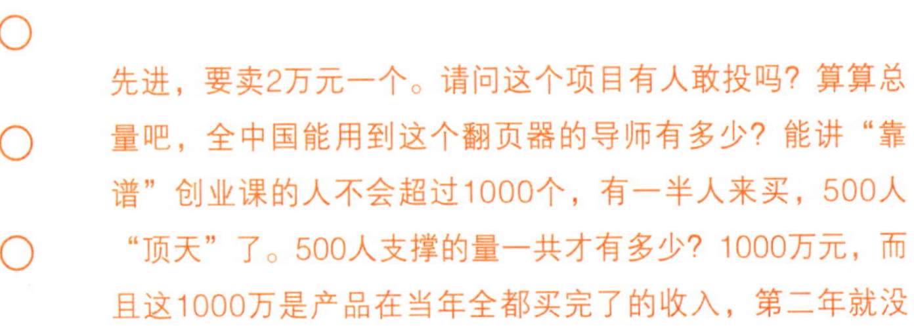

先进，要卖2万元一个。请问这个项目有人敢投吗？算算总量吧，全中国能用到这个翻页器的导师有多少？能讲“靠谱”创业课的人不会超过1000个，有一半人来买，500人“顶天”了。500人支撑的量一共才有多少？1000万元，而且这1000万是产品在当年全都买完了的收入，第二年就没有购买力了，第二年市场就死了。这个项目的市场总量是这样的话，请问它能够上市吗？

风险投资的退出靠什么？靠的是项目下一轮的估值上升多少倍，或者上市、兼并。所以，风险投资当然要从根本上考虑项目能否上市的问题，或者是否有可能被并购的问题。如果项目的种子市场容量小到没有人会去并购，项目也达不到上市标准，那就意味着从风险投资的角度来说，你不可能在被投资行列。

我们来看看具体数字吧。因为这个市场不会只有你一家分这个蛋糕，我个人认为如果一年的市场总容量不超过10个亿，或者将来的年市场容量超不过10个亿，那这个项目不用再做了，因为你上市的可能性不大。当然不排除市场容量就5个亿，5个亿都归你了，那是特例。

在这里我要强调一点，数字要真实，不要为了要做大而做大，否则就是信用问题。出了信用问题，今后融资都不会容易了。市场分析要做的是细分领域的分析，可是很多创业者在做的时候乱分析。做咖啡的就敢分析中国饮料市场的市场容量，做生鲜配送的就敢分析中国线上线下电子商务的市场容量……这都是很危险的。请大家务必在自己细分的市场里进行调研分析，否则这种“水”得不得了的数据只能让投资人对你产生质疑。

成长速度有多快

市场的成长速度也需要分析。你现在的饼就算不够大，但是它如果快速成长，也足够调动大家的赌性。

举个例子，3年前有人吃午饭是通过订外卖吗？很少。当年的市场总容量就不大，但是它的成长潜力非常大。因为我们可以通过一系列数据来预判，比如说国外的成熟市场已经发展到什么程度了，然后根据中国的消费能力、消费习惯等，推算这个市场是否会有一个“井喷”。

今天，我们已经看到，外卖市场是一个巨型市场。所以，如果你能说明项目的市场成长很快，投资人也会感兴趣。

数据来源要可靠

市场分析也会用到大量数据。因为市场迅速做大不是自己说出来的，需要有让人信服的数据来源。但有一些情况是你想要的数据并不能从公开的市场数据中得到，那该怎么办呢？第一种方法：找调研公司去调研相对客观的数据。第二种方法：自己做问卷调查，但范围和基数要铺大一点。我个人认为，没有超过1000个样本的市场数据都不足以取信，根本不值得拿出来。当然，调查时要留好原始档案，以备查阅，而且被调查人不仅需要签名，最好还要留下电话号码。

另外需要注意的是，如果最终的数据结果是通过公开数据计算得出的，那么就需要在整个页面下面备注清楚数据来源与计算公式。可以用小字，大家不一定都会看，但是你写出来更能够体现数据的真实性，以便投资人安心。其实，投资人看这一页的时间也许不到1分钟，他计算得再快也没办法在这么短时间内算清数据，这主要是给他一个踏实的心理感觉。

案例19

以我辅导过的“飞行圈”项目为例，这是个与通用航空有关的项目。通用航空这个领域在中国面临着“井喷”的趋势。BP中写了一个2013年中美通用航空的数据对比：在通用飞机数量上，中国是1631架，美国是222000架，相差136倍；在2013年中美通航飞行员数量上，中国是1651人，美国是590000人，相差了近358倍。如果用柱状图表示出来，就能让投资人看到项目的潜力和井喷趋势。

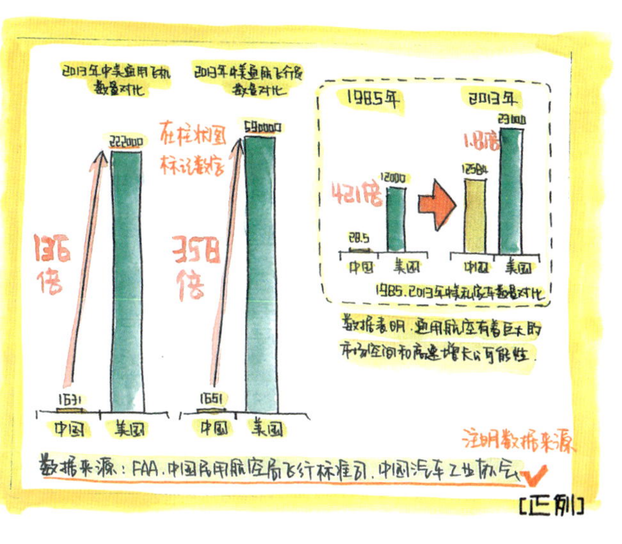

在我的印象中，好的BP里的柱状图大多是创业者自己用Photoshop（简称PS）做的，这样才能够把数字等相关内容写在上面。我个人建议柱状图上的字最好较大、较醒目，这样投资人会有比较快的反应。

关于图表还有一点需要注意，很多人的图表都有这样一种坐标图：纵轴上面标好了数字，但柱状图的柱子上没写数字，让人们对着数轴查看数字。投资人看整页PPT也就只有1分钟，哪有时间去对数轴上的数字呢？即使他真的去对了，那他的视线肯定跳跃了。记住，要想让人进入你的逻辑，就需要让他专注于你的某一个点或某一块，而不是大幅度地跳跃，不然很容易走神。

我们再看回前面那个通用航空的项目，从136倍和358倍一看就知道，这就是个面临井喷的行业。我又着重说明了一下，给它加了一个1985年、2013年中美私家车数量对比。1985年中国私家车保有量是28.5万辆，美国私家车保有量是1.2亿辆，相差近421倍。然而到了2013年，中国私家车保有量是1.2584亿辆，美国私家车保有量是2.3亿辆，二者只相差近1.8倍，这意味着什么？也就是说2013年中国通航

的市场类似于1985年中国的汽车市场，而中美的收入差距早已不是1985年时的关系了。中美收入差距的缩小，必然拉动所有消费型行业。现在中国人这么富，富人数量很多，投入通用航空领域，按照经济规律，完全可以等到它发展成为当下汽车市场的局面。所以我送这个项目到天使汇闪投进行路演，当场就超募了。

竞品分析：

找到“分你蛋糕的人”，做第二只“螃蟹”

我们讲创业课的时候经常会谈到三个词：赛车、赛手、赛道。赛车是指项目本身，赛手是指团队，赛道是指项目的竞品，就是赛场上有多少辆差不多的车跟你竞争。

那市场再好、市场成长速度再快，若竞品多，是不是也没什么可玩的？比如，今天中国的叫车市场仍然很大，成长速度依旧很快，但请问你还有机会吗？这个问题将会在下文找到答案。

故意不写竞品的人都是不明智的

我指导团队参加路演之前，都会问在座的是否写了竞品。会有一群人举手，一群人没有举手。实际上，没举手的如果是故意不写竞品的，绝对是不明智的。仔细分析，不明智的有以下4种：

第一种是怕竞争者，所以不写竞品。

第二种是怕投资人发现，担心投资人知道有这么多竞品就害怕了，不投了。

第三种更有意思，他们根本就没想过有没有竞品。有情怀嘛，我就要干这件事，根本不关心有没有竞品，有没有都要做。

第四种认为自己的项目跟别人都不一样，独一家，自己的

模式没有人效仿得了，至少没有一模一样的，所以即使有对手也不能算竞品。

下面我来分别分析一下这4种类型，看看他们为什么是不明智的。

第一种怕竞争对手发现。如果竞争对手一发现你，就把你消灭了，那么说明你没有核心竞争力，没有核心竞争力的项目必死无疑。必死的项目还出来融资，你这是出来坑爹啊?

第二种人怕投资人发现竞品后不投他。投资人都是一群什么人啊？那都是“人精”啊。投资公司的最初级人员叫分析师，顾名思义就是天天分析创业项目的。从BP投过来的那一刻起就开始分析，给老板挖各种数据，找投资项目的竞品，找创业者的档案……除了最基层的分析师，投资公司还有更高级别的工作人员呢！他们资源更多，信息更全，怎么会不知道市场上有什么竞品？夸张地说，投资人看过的项目比创业者吃过的米还多。如果你跟投资人约谈或者参加路演的时候，他们常常会抛出一堆类似你的项目，然后问你：“知道吗？”其中很多你连听都没听过。所以，掩耳盗铃的心态是断然不可取的。

更为严重的是，创业者故意说自己没竞品，但投资人发现有，会怎么样？整个创投圈都会认为该团队的信用有问题。当创业者的信用被打上“问号”，那么该团队在创投圈的生涯就结束了。

第三种人没想过有没有竞品。这种创业者太天真了，上

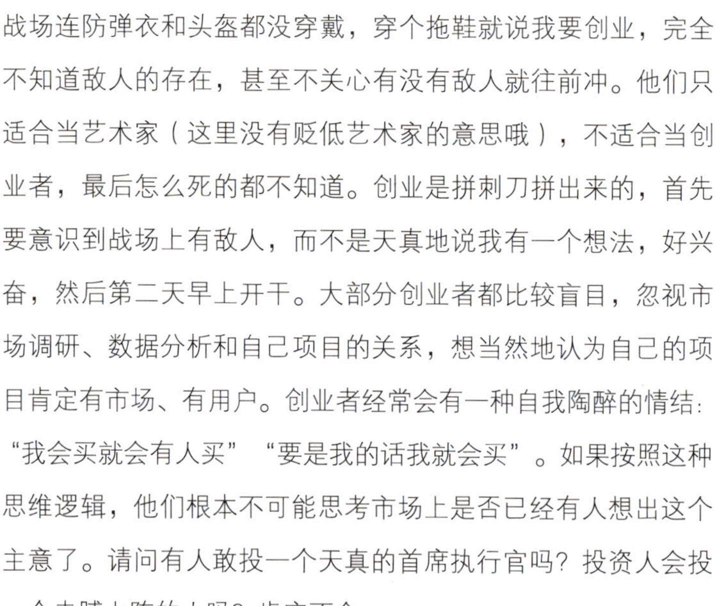

战场连防弹衣和头盔都没穿戴，穿个拖鞋就说我要创业，完全不知道敌人的存在，甚至不关心有没有敌人就往前冲。他们只适合当艺术家（这里没有贬低艺术家的意思哦），不适合当创业者，最后怎么死的都不知道。创业是拼刺刀拼出来的，首先要意识到战场上有敌人，而不是天真地说我有一个想法，好兴奋，然后第二天早上开干。大部分创业者都比较盲目，忽视市场调研、数据分析和自己项目的关系，想当然地认为自己的项目肯定有市场、有用户。创业者经常会有一种自我陶醉的情结："我会买就会有人买""要是我的话我就会买"。如果按照这种思维逻辑，他们根本不可能思考市场上是否已经有人想出这个主意了。请问有人敢投一个天真的首席执行官吗？投资人会投一个赤膊上阵的人吗？肯定不会。

第四种人最不明智，居然认为市场上没有跟自己类似的项目，模式也好，功能也罢，甚至连领域都没有一样的。首先，是没搞清楚什么是竞品。竞品就是"分你蛋糕的人"。但凡有其他渠道可以解决你目标市场里用户的需求、痛点的，都算你的竞品。

伟大的通用电气公司（GE）创始人爱迪生发明了电

灯，对人类的贡献大吧？很大！电灯可以说是人类有史以来最重要的发明之一。但他发明电灯的时候有竞品吗？当时电线还没有普及，没有电线也就用不了电灯，而且电灯的使用成本很高。所以，当时的人们用什么来照明呢？煤油灯、煤气灯。我们现在到英国伦敦，还可以看到很多仿制当年煤气灯造型的路灯。可以用煤油灯、煤气灯，人们为什么要用昂贵的电灯呢？所以，爱迪生推销电灯的时候也有竞品，他最大的问题就是要说明电灯比煤油灯、煤气灯好用、安全、干净，这些就是电灯相比其他竞品的优势。

其次，不可能没有竞品，否则不好融资。退一万步说，如果真创建了一个特别了不起的、全天下都没有的项目，完全开拓了新行业、新领域，比如太阳登陆计划。那请问这些项目好融资吗？肯定不好融资。为什么？有人说这个非常新颖啊，没有竞品，市场巨大。错，完全没有人涉及过的市场，所有的用户都需要重新被教育。教育的成本高不高？这么高的成本，最后达成的结果还不一定好，谁敢去赌这一把？另外，市场分两类，一类是用户市场，另一类就是资本市场。你这个项目资本市场认可吗？之前有人投过类似行业、类似项目吗？没有。换句话说，今天某个冤大头投给你，明天连“接盘侠”都没有。

“螃蟹定律”

即使没有竞品，你也仍然不好融资，因为投资人绝对不傻。现在来说一说我自己归结出来的定律，我相信将来在经济界会很出名，叫“螃蟹定律”。其具体内容是：如果把做项目看作卖螃蟹，那么请问世界上第几只螃蟹最贵呢？是第一只螃蟹吗？第一只螃蟹是没人敢吃的，没有冤大头敢投，所以第一只螃蟹价格不高甚至可能没人买。是最后一只吗？最后一只可能都臭了。正确答案是第二只最贵，原因在于第一只往往没有人敢买，就算真的碰到一个有情怀的冤大头投了一笔钱，第一只螃蟹也不会卖得很贵。

什么时候会遇到这种情况呢？

首先，能这么投钱的人，基本上都是外行或新手。他们投入的资金也比较少，因为只有内行的投资人，手上才会聚集更多的资金。

其次，如果是一个比较靠谱的大资本公司被你感动了，想试一试水。那它会怎么投？它是有资本，同时它也会很谨慎，所以它会先投一小部分钱，小试牛刀，输了也不在意。

结果，你很争气，爬上了海滩，有了数据，有客户买单，证明了“市场的存在”。可是你发现海滩上的螃蟹从下个月开始慢慢地增多。当你发现他们的时候，谁还发现了他们？资本也发现了。因为你被投资的数据已经在“IT桔子”之类的网站上被公开了。大家都在看这只螃蟹能长成什么样。数据不错呀，证明“市场的存在”，而且有人投了，说明“资本市场”认可了。那资本就敢投第二只，因为第二只有竞品嘛。那第二只该投多少呢？像第一只一样少吗？当然不是，资本会投很多资金，因为第一只螃蟹已经证明了“市场的存在”，并且他们需要用足够的钱消灭掉第一只。第二只、第三只、第四只都是类似的情况，这时候我们叫什么？叫“风口”。这样出来的一批螃蟹都拿了很多钱，然后大家就会让第一只惨死在沙滩上。有实例证明吗？

案例22

我在上课的时候经常用“易到”做示范。“手机里有易到用车软件程序的学员们请举手”，学员举手的概率基本在1/30。毋庸置疑，现在大部分人手机上都有“滴滴出行”。但你要知道中国第一个做专车出行的软件是谁？是易道。可它惨死在沙滩上了，为什么？它刚出来的时候拿到一笔不大的钱，但它需要天天培养客户，首先要告诉司机可以把自己的车贡献出来做共享。大家没经历过，会觉得这个想法难以理解，比如，别人会怎么想我。如果我平时开一辆奥迪，很拉风，但现在开出去拉人，这不是黑车吗？其次，乘客推广的时候认知难不难？“让我去坐黑车”“安全性怎么保证”等问题都得一点点地让市场、用户去认知。最后，叫车服务刚出来的时候，国家政策明朗吗？到现在我们都还说有些地方政府颇有微词，更不要说这个新兴事物刚推广的时候了。所以很多资本不敢投，等看结果。然而，易道的执行力不错，真的有很好的市场反馈。接着如何？滴滴出行半路杀出来了，又出来了“大黄蜂”，后来大黄蜂跟滴滴出行合并，滴滴出行又跟“快的”合并，越做越大，成为“巨型螃蟹”。而最早出来的易道呢，如今要不是乐视的贾跃亭帮它一把，它恐怕今天连螃蟹壳都没了。这就是最典型的“螃蟹定律”的案例。

这条定律适用于绝大多数项目。那有反例吗？有。但是不多。

比如说孙正义，眼光非常独道地投了“阿里巴巴”。之前真没有人做这个项目，他投了之后，阿里巴巴蓬勃发展起来。这需要非常独道的眼光才行。另外，孙正义当时投的也是一笔小钱，还是符合“螃蟹定律”的第一条，只是马云实在太厉害了，没被别人灭掉。其实马云当时的情况也是有特殊性的，即中国当时的创投市场并不是一个活跃的资本市场。马云当年是什么情况？是信息不畅的“资本非活跃市场”。他恨不得每天都跑去香港融资，你能吗？你了解香港的情况吗？作为一个普通项目是没法到香港融资的。

现在，我们再来讲一讲竞品。我们提到第一只螃蟹难就难在它做的是“增量市场”，而非“存量市场”。存量市场好做还是增量市场好做？当然是存量市场好做。你看滴滴出行怎么做的就知道了，滴滴出行只需要跟着易道的成功经验走就可以了。易道发了红包，证明有这个市场，于是滴滴出行的红包更多，补贴更多。存量市场只需要做到价格更便宜，或者质量更好、服务更好就可以了。它不需要从零开发培养客户，也不需要把人们没有的消费习惯建立起来。

所以我认为，弱势创业者打竞品的时候，要尽量把最痛苦的增量市场交给你的竞品去打，然后跟着你的竞品打存量市场。而其他新行业、新领域在做全国推广的时候，你先不用着急做，看他们先去哪个省，你储备好资源，看准了哪个省更好，冲进去与他们竞争，要是他们去的地方也不好做，那这个地方你也暂时不要去。这样，你就会比他们省很多精力，省很多人工成本、财务成本和机会成本。当然，这是在竞品比你强的情况下。如果你本身是第一大，那你肯定要拼新市场。

所以，做“千年老二”有的时候很舒服，老大有可能交易量比你高，但利润常常没有你高。

根据这套理论，我辅导过一个“脑大爷”项目。“脑大爷”是做什么的呢？是做商用电脑的租赁，也就是出租办公电脑的。在中国，做这个项目的有没有？有，第一家叫作“××租”，拿到了A轮前投资，但是它一开始做的都是二手品牌机，如惠普、国际商业机器公司（IBM）等。“××租”是做得最早的，慢慢地也有了一定的品牌认知度。

我给“脑大爷”提了一个思路。我说你不要打增量市场，增量市场让“××租”去打。你打存量市场，提升竞争优势，比如服务更好、价格更低。“××租”的机器是品牌机，维修不便。比如电脑故障了它让你去找惠普去修，这极为不方便。所以“脑大爷”就自己造电脑。我让他们只做两个系列的机器。为什么只做两个系列？系列少、品类少，标准化程度就高，维修起来就非常方便。

我还让“脑大爷”走低价策略。降到什么程度？“××租”的电脑租金一个月均价200～300元。那是因为它用的都是品牌机，成本高啊。“脑大爷”自己生产机器成本低、有利润。当时我根据他们的成本，建议他们把一台超薄的金属笔记本的租金定在一个月75元，台式机、一体机每个月租金50元。从二三百元下降到几十元，价差是不是打出来了？几乎到了竞争对手1/4的价格。然后我又教他们怎么打开战。我说你不要打新市场，只需天天跟着“××租”，“××租”到哪你去哪，它进哪个写字楼你就跟进去。“××租”要用一两个小时跟人家的老板去谈：“你们公司有几台电脑换成我们的，直接现租，降低损耗，压缩成本，维护起来也方便”。“××租”做完这些“洗脑”工作后，“脑大爷”进去只有一句话：“老板，刚才××租跟你说完了吧？我们做同样的事情，但是更便宜”。你说哪个操作容易？

但我还跟“脑大爷”强调了一句：你们千万别跟太紧，别把“××租”的客户都抢了。为什么？你要给它留一条活路呀，你把它逼死了，谁帮你做增量市场，谁

帮你做“洗脑”工作。更重要的一点就是，只要“××租”还活着，你就是第二只螃蟹，它就有成为第一只螃蟹的宿命。

资本市场也和上面那个案例一样。如果市场只有你独一家，资本市场就不容易认可。反之，它到A轮前你就能到天使轮，它到B轮你就能到A轮，它能上市你就能上“新三板”。等你业绩做得比它好，你拿大钱再去吃掉它。你需要等待市场时机成熟，等到市场开发充分，大家对这个项目有足够认知度的时候，你就可以找大资本了。否则应该跟着第一只螃蟹的后面，让它为你开疆辟路。

运营数据：
实干才能兴己

竞品分析说完后我们还需要聊一下运营数据。根据投资人思维，种子轮团队厉害，也符合从业背景，就可以投了。天使轮需要看一下有没有跑通的数据，A轮前需要数据良好，风险投

资、私募股权投资需要数据持续增长。这些都提到了数据。所以以投资人思维写BP的时候，需尽量体现你的数据。

（1）要适当罗列。为什么不是多多罗列呢？精简版BP嘛，而且路演的时间有限，投资人看BP的时间更有限。这个罗列需要精炼、有用的数据。这是展现自我的一页，要把自己最厉害的内容展示出来。

（2）要量化。数据、数据，顾名思义就是“数字的证据”。也就是说，这些数字不仅可以量化出来，而且能证明项目团队的执行力、项目团队的厉害程度、项目团队的成长速度。数据有三个关键词，第一个是多少，第二个是谁，第三个是哪里。

第一个是“多少”，意思为有哪些数据，用户数据有多少。比如，你的黏性用户有多少，下载量有多少，页面浏览量（page view，简称为PV）有多少。它都是以数据量记载下来的。而且最好有时间轴，一月份是多少，二月份上升多少，三月份上升到多少，2014年是多少，2015年是多少，2016年是多少。

第二个是“谁”。如果做得好，你一定可以赢得一些典型客户。这些典型客户分别是谁？把商标（logo）写出来，把公司名写出来。

第三个是“哪里”。进行全国推广的时候，创业者一般会从某一个城市开始，模板城市打通了，接着扩张到哪里。最后是创业者在某个时间点会到达哪些地方，比如，2016年我又进入了石家庄、乌鲁木齐、西安甚至硅谷、以色列等。当然进入到某个地方市场，如果有详细的数据，还可以再细化展开。这些详细的数据没必要在精简版BP里一一说明，具体体现在完整版的BP里吧。

案例25

下面请看几个比较好的案例。中煤化工是2015年年底时候的一个成功案例，自投1300万元，现在生产线已全开，产品严重脱销，大量客户订单等待签约。这些目前还没有量化，如果能量化一点会更好。

我们平常要避免这么写：经过几个月的推广，我们获得了市场的广泛认可，拥有了大量用户。因为这都太空泛了。但是中煤化工这个项目，其实我们能看到它是有一个量化数据的，那就是生产线开工率100%，2015年仅下半年营业额400多万，毛利率40%，净利率15%，已签约订单4000万元等。

2016年营业额目标1个亿属于预测数据。我不建议在简版BP里面出现太多预测目标。一大堆创业者很喜欢预测自己美好的未来，比如预测自己2018

年上市。这都可以随便写，但其实投资人并不关心，因为绝大部分都是空口而谈。比如投资人要试试你，说“你的预测数据不够好看，至少还得加两个零”，很多创业者可能傻傻地真去左改右改，最后把数据弄得多了两个零。像这种无厘头的数据预测有什么可信度？数据预测必须根据你既有的数据来判断，比如你的数据延长线，你每次增加人力和资金投入后运营数据有哪些规律性变化，等等。举个例子，2013年有这么高的数据，2014年、2015年节节攀升，按照这个增长速度算出来的2016年的数据，投资人是认可的。因为你前三年都做到了，有很高的可信度。根据这些做出的相应预测才有参考意义。初创团队大部分都没有什么长期数据表现，所以对初创团队投资人基本不看预测。

上面提到的运营数据是为了证明什么？一是证明你干了多少实际的事情，二是证明你的团队执行力和和商业模式。大事记或里程碑可以说明你的团队执行力。用一个向上的箭头表现大事记或里程碑特别有动感，密密麻麻地写出你干了哪些事，这些内容在路演的时候投资人根本看不过来，但它们却能让人觉得你干了很多实事，有很强的执行力，有很高的可信度。如果你们团队的执行力真的很棒，这时，我建议你加上一句类似这样的话：我们用了三个月的时间干了别人三年的活。有了这句话，再用充实的内容做佐证，投资人就会觉得你们团队很靠谱。

团队介绍：

有了根基，
才能走得稳、跑得远

大家知道什么是最让人吐血的BP吗？就是看了半天没看到团队介绍的。早期项目，团队是根本啊！中国创业最早的那一代创业者们都称创业是“搭班子、定战略、带队伍”。三个词里有两个词提到了团队。班子是什么？团队啊！队伍是什么？团队啊！战略是谁定的？团队啊！执行是谁做的？团队啊！队伍是谁带的？还是团队啊！最后管基层员工的还是人。这一切都由团队掌控。

团队介绍八大贴金技巧

为什么说初创项目先看团队，因为人靠谱了，种子轮就有人投；人靠谱了，投下去就有成功的机会。人都不靠谱，别的就更无从谈起。人这件事有多难，下文我们会详细来聊。而早期初创项目最吐血的BP写的都是商业模式、市场目标和潜力及产品情况，但到最后都没有告诉投资人，这个项目的团队都有些什么样的人。这都没有，这份BP的意义何在呢？

我们来看一个案例。

这个项目是有团队的，但UI设计水平实在让人堪忧。我们来看一下这个项目的BP团队介绍。首先，画面上有“CEO王大刚，2002年毕业于北京交通大学计算机系，擅长软件工程。2008年进入IBM，从事技术研发和团队管理工作，有过非常成功的管理经历与经验”。另外，还有“COO刘宇静、CMO许东昌，CFO王莹”。

我们来看看它的问题出在哪儿。

（1）要说的是有图有真相。老干妈辣椒酱为什么卖得那么好？因为有图有真相，人家用自己的照片证明了自己确实是一个老干妈。这个BP上的卡通人物首先就让人感觉不真实。连照片都没有，真的存在这些人吗？除非你是做动漫、游戏项目的，或者是做幼教、与儿童相关内容的，又或者是纯文艺的项目，否则，都应该老老实实地放上照片，这是最基本的一点。

有的人说我不放照片呢？请注意，不放照片不是不行，但连照片都没有，投资人会感觉你这个团队组建可能有“水分”。还有人更有意思，照片位置放了一个黑的人形影子。我问他为什么这个人没有照片？他说这个人不方便，还没有离职。我会觉得很奇怪，即使这位成员还没有离职，也不至于神秘到连照片都不能看吧。由此，我首先会觉得你CEO的把控力有问题，连团队成员都搞不定；其次，这个人身份敏感，那以后能投入多少时间、精力在这个项目呢？这很让人怀疑。

当然，还有人这么回答为什么不放照片的提问：“自己太丑了，实在没有好看的照片。”说实话，投资人谁会去关心你们每个人长什么样？夸张点说，你随便放张照片，即使你把你爸爸年轻时候的照片放上来，理论上都没有问题。投资人更希望得到因看到照片而产生的某种心理暗示，就像吃了一颗定心丸，感觉确实有这么一个人存在。所以，团队骨干人员的照片是不可或缺的。

（2）兼职、顾问注意适度。有的人在BP团队这一要素中写了大量的兼职、顾问人员，看上去似乎可厉害了，因此这么做的大有人在。曾有一个项目，团队介绍里直接写了“拉手网”的CEO，我都看蒙了。“啊？拉手网CEO辞职了？跟你创

业去了？我怎么不知道。”然后我继续往下看，只融300万，这什么项目？而且这个创业者做CEO，而拉手网CEO是他的手下，这也太牛了吧？！最后问创业者，他才说拉手网CEO是顾问。很多创业者会规避这些问题，把名人往项目上一放，不写清楚是干吗的，说大了，这是信用问题。一旦投资人细问，就会问出问题来。这时，投资人会对你整个BP的真实性都产生怀疑。所以必须清楚地写出名人是顾问还是兼职，或者索性不体现他的名字。因为大部分投资人都不关心顾问和兼职，除非有一种方法是写出他的供职时间是怎么安排的。例如请别人当你的顾问，只写陈步衡没用，必须写出陈步衡是如何深入参与项目中的，每周或者每半个月一次私董会、每次参会多长时间等。但兼职和顾问的人员数量注意适度，千万不能比正常团队成员多。

（3）除了CEO，职位可以不写。我们继续来看上面的反面案例里的团队职位。CEO、COO、CMO、CFO，看着很不错啊！一问：“哥们儿，团队一共几个人？”“4个人。”“哦……好吧……4个人……4个都是‘O’。”这装的，我给你零分！我经常会遇到这样的创业者。小伙伴们，什么是“O”啊？Officer啊，是管理人员啊，管人的才是“O”啊，得下面有下属啊！什么是“C”啊？Chief啊，是首席的意思！至少要有好几个从事一样事情的人，才有所谓首席吧。所以，刚开始创业没几个小伙伴的团队，请你不要乱写了。等到什么时候写？等到你拥有成熟的团队、下面分层级之后，什么“0”都可以写上。

比如说我辅导的“聚爱财”项目，它的BP里可以写各种“0”，因为它有一百多人。有人说我不写“0”，我写××经理、××总监，行不行？这都是一回事，没意义。又有人说我写他负责哪一块内容行不行？还是一句话，没意义。为什么？如果是初创团队，今天做技术的人，明天就不能做市场吗？今天做市场的，明天就不能做运营吗？初创团队，哪里需要哪里搬。况且很多投资人根本不关心某个团队成员负责的内容。看他的教育经历、社会经历、工作经历，通过这些投资人就知道这个人擅长干什么，应该放在什么岗位了。

（4）除CEO以外，其他人的名字都可以不写。有一种情况除外，就是你们团队成员都是行业里的知名人士。比如说洪泰A+labs，团队成员写三个人——俞敏洪、盛希泰、乔会君。人家那个路演好写啊，团队简介都不用写，只要有名字就行，俞敏洪不用介绍，不知道的自己百度去，盛希泰也是。所以，除非你请到的都是大腕级的人物，可以把名字写出来，其他的都不用详细列出。

（5）适度包装。上面的反面案例里的王大刚，2002年毕业于北京交通大学计算机系。他2002年毕业，还是2005年毕

业，抑或2008年毕业，有什么本质上的区别吗？这纯属浪费投资人宝贵的注意力。BP是为了让投资人对你感兴趣，但凡无关紧要的内容都可以统统去掉。另外，北京交通大学计算机系是否要写，这也有待商榷。首先，在很多投资人眼里，中国的大学其实只分两类，一类叫“清华北大”，另外一类叫“其他大学”。所以平常投资人看BP都看什么？投资人会关心的学校是什么？斯坦福、哈佛、麻省理工、剑桥、早稻田这些世界名校。有一次我陪一个投资人看项目，这是个做wifi芯片的项目。团队是三个麻省理工的博士。在天使轮，他说：“什么都不用说了，赶紧投，立刻投，三个麻省理工的博士啊，他们的工资都不止这个价。”所以，投资人平常看的是这样高水平的大学，在他们眼里，“清华北大”都只能算第二梯队，那北京交通大学还值得写出来吗？

团队简介这一页是用来干什么的？说直白点就是装厉害的嘛。说得好听点，是给门面贴金。如果没有金子可贴怎么办？那就需要适度包装，至少展示出来的材料不能让投资人减分。北京交通大学也是211重点大学，考得上211大学的基本都是“高材生”，对吧？知道北京交通大学的人应该不少，每次我上课做调查知道北京交通大学的人都超过半数。那其实就是“著名大学”，对吧？所以，简介里就可以笼统地写成“著名大学高材生”。这样投资人在看这一页的时候，不会减分。或许还会产生一个疑问：哪个著名大学？反而引起下一轮约谈的兴趣。

个人擅长这块最有意思，因为创业者擅长什么并不是自己说出来的，而是干出来的。投资人根据你的背景经历也会有所判断。法国人有句俗话："拿给我你的文凭，我告诉你你的能力。"这句话说明法国文凭含金量很高，但中国的大环境还做不到这样。有人说自己擅长技术，擅长管理，说什么的都有。实际上，擅长是一个主观词，要用学历、工作经验、生活经历证明，因为主观的描述对投资人毫无触动。

上面的案例就是告诉大家要适度包装，但这个包装不能涉及信用问题，要有据可查。比如北京交通大学就是著名大学，这完全是事实。

说一个我自己的例子吧。我们团队里有这样一个人，是加州最大的红酒供应商的首席设计师。原来BP里的介绍是某某酒业集团首席设计师，后来我问他本人才知道，那公司是加州最大的红酒供应商。然后我就试着包装，加州很大，离中国十万八千里，所以这个品牌几乎没什么人知道，况且我不喝酒，也不知道加州在美国红酒界占据什么位置。

后来，我经过查证确认，加州是美国最大的红酒产区，美国是北美洲最大的红酒产区，而北美洲的红酒产量比南美洲的多，所以北美洲最大就等于整个美洲最大。我看了一下地球仪，主要处于西半球的大洲只有美洲，所以这个小伙伴后来就被我改成了“西半球最大红酒供应商的首席设计师”，这样表述是不是档次明显高了很多。

（6）团队简介不要用大段描述，只需写关键词。比如，“2008年进入IBM，从事技术研发和团队管理工作，有过非常成功的管理经历与经验”，这就是叙述文。那能不能用关键词来说明呢？关键词是什么？我推荐使用“带着定语的名词”。2008年到现在多少年？8年，就可以概括为：8年IBM技术管理经验。这就搞定了，比刚才那个句子要显得简短、容易理解多了。在BP路演的时候用简短的词语往往能更好更精准地表达信息。

有些人写BP，堆砌了非常多信息，比如CFO、COO的介绍都写了一大堆。记住，一定要牢牢把握二八法则：整个团队加起来占二，CEO占八。也就是说团队看谁？其实重点就看CEO，他要多占比重。普通成员如果比重超过CEO，只会让人觉得头轻脚重，让人担心创始人控制不住场面。如果一个项目，我是CEO、马云是CFO，我肯定控制不住啊。

具体操作时，CEO用5个左右的关键词就可以概括了，其他团队成员用3个以内的关键词就可以了。如果用几个词语介绍不清楚一个人，也不能把他的优势体现出来，那就说明这个人没什么可炫耀的资本。

（7）简单介绍团队成员之间的关系。CEO跟COO的关系或者跟其他成员的关系对投资人来说也有意义。一个临时拼凑起来的团队更像团伙，虽然能力互补、专业互补，但是相互之间的了解与沟通并不多，这样很容易造成团队崩裂。所以，投资人也想听一听团队几个人之间到底什么关系，认识多少年了。比如发小、兄弟、同学之类的都可以，夫妻档、连襟档也可以，但也别太夸张了，弄一个家族成员团队也是挺吓人的。

我看过一个项目就很搞笑，团队一共4个人，背景都不错，其中有两个年龄较大一些。当时看还觉得很奇怪，怎么

会有年龄这么大的成员。CEO老实地承认这是自己的父母。团队里还有一个人也很厉害，是上市公司的CFO。我问这个CFO怎么出来跟你创业了呀？那个CEO也很直接，说那是他老婆。我听完后对这个团队就有一种生无可恋的感觉——团队4个人，就他1个人创业，其他3个人，2个退休，1个没离职。这不是马三立的相声“逗你玩”嘛。

（8）不用列团队全员。团队介绍千万不要冗长。重要的事情讲三遍，这一页拿来干什么的？装厉害的，贴金的，贴不出来就不要硬贴了，不然岂不是连公司保洁阿姨都得写上。如果说公司里人特别多，比如有一百多人，可以放一张团队集体照，热热闹闹，代表人不少。但核心团队的4个人在介绍里还是要重点列出来。或者可以直接写上“成熟团队，全员共多少人”，也可以一句带过。

讲了那么多，请看一个运用团队介绍八大贴金技巧的正面案例吧！

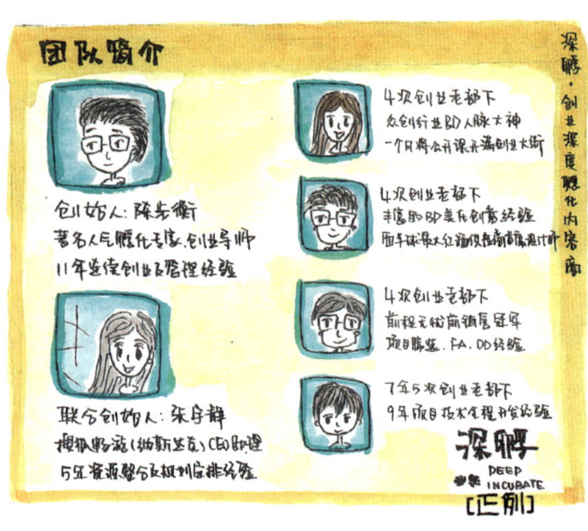

团队组建只要专业互补就够了吗

讲到团队，就得说说团队组建的核心逻辑，因为只有逻辑通了，跟投资人对答时才能应对自如。绝大多数投资人看团队首先看刚性缺损，比如做互联网项目的，没有技术出身的团队成员，基本上不敢投；另外还会看重专业互补，缺技术来一个技术，缺运营加一个运营。但仅有专业互补就够了吗？远远不够。

（1）投资人会考虑团队成员的性格特质是否互补。下面举一些例子。

“西少爷”是一个很强的团队，但最后分家了，出现了西少爷和新西少爷。那么，为什么它会分家？很多人在网上说公司股权架构有问题。它的股权架构确实有问题，但世界上那么多股权架构有问题的企业都没分家，为什么它就分家了呢？而且如果以现在的观点来评判，阿里巴巴当年的股权架构也很有问题。腾讯的股权架构有没有问题？当然有，要不怎么会被南非人买走很多。华为和娃哈哈股权架构没问题就不会上不了市。所以股权架构有问题并不能阻碍一家企业的成长。我个人认为，它的分家主要是出现了性格特质不能互补的问题。整个团队吵崩了，股权架构调整谈崩了，从而变成了西少爷和新西少爷。

从上面这个例子中足见性格特质有多重要。之前还提到投资人需要了解团队磨合时间，这与性格特质互补直接相关。团队成员之间的了解有多深，每个人的底线在哪里，矛盾激化到什么程度该踩刹车，这一切都建立在性格特质互补的基础上。每个人都会跟自己的妈妈吵架吧，可能吵得还挺厉害，但没听说有几个因为性格刚烈跟自己妈妈断绝母子关系的。为什么？因为儿子跟妈妈两个人互相知道对方的底线在哪里啊，这就是几十年磨合出来的东西。

案例29

电影《中国合伙人》讲的是团队力量的故事，黄晓明演了成东青，邓超演了孟晓骏，佟大为演了王阳。在电影里，客观来说王阳能力稍微弱了点。成东青把公司建立起来了，背着包教书还跟警察交涉，干了不少事，他的强项在管理，执行力强。孟晓骏好胜，适合干外向的工作，解决业务拓展、营销这些把握公司发展方向的问题。但两虎相争，最后必有一伤。如果这个团队没有王阳，只有成东青和孟晓骏，这个团队会怎么样？但刚好成东青和孟晓骏两只老虎之间有一只小绵羊王阳，这只小绵羊

最重要的事情是调和，一会儿找成东青打乒乓球，一会儿找孟晓骏打乒乓球，两边和稀泥。所以，他们三个人加起来就符合性格特质互补。创业小伙伴们可以看一下自己的团队里有没有这样的关系，有没有相互之间能支撑起来的性格特质。

（2）投资人会考虑上下级风格是否匹配。任何一个团队建立的时候都有上下级，扁平化组织也有CEO、大股东和最后要做决策的那个人。上下级关系如果不融洽，会造成互相掣肘，效率极端低下。因为人不仅是世界上最难管理的动物，而且是世界上唯一一种能把正确的事情做错的动物。

如果上下级之间存在隔阂，很多正确的事情到下级那里就成了错误的事情，就成了错误地去执行的事情。

大家可以设想一下我们脑袋里出来两个画面，左边是你

从小到大最喜欢的那个班主任，右边是最不喜欢的班主任。从专业能力来说，他们俩可能并没有本质的差别。那为什么你对他们的印象相差那么多呢？尤其是你最喜欢的班主任让你干些事，哪怕是错的你都干。而你不喜欢的班主任说的哪怕是对的，你也不干，还要跟他对着干，说不定还要在背后说他的坏话。什么问题？这就是上下级风格问题。专业匹配上没问题，专业互补，他发布你执行。但问题是什么？是风格不匹配。

所以，如果一个团队上下级风格不匹配，造成的后果就是执行力打折扣。马云说过：一个一流的战略加三流的执行，我宁可选择三流的战略加一流的执行。很多时候我们的状态出不来，是因为老虎带着绵羊跑不动，但更多的时候是因为老虎没有按照绵羊跑步的方式来领跑。为什么牧羊犬能带动绵羊而老虎带不了，因为风格不匹配。牧羊犬是怎么带绵羊的？它不是在绵羊前面跑，而是在绵羊后面赶，这就是管理方法、管理风格。而老虎呢？只顾自己在前面跑，绵羊根本跟不上。

所以，从投资人思维来看，大家通常爱投的团队是什么样

的？首先是有长期合作的团队。长期的朋友关系、同学关系、死党关系。老乡团队也可以，生活背景和地域文化是一致的。其次是上下级关系融洽。从其他公司整体跳槽出来的成熟团队也是投资人偏爱的，因为它已经被证明上下级是匹配的，他的CEO有很强的团队凝聚力和威信，能够领导得了手下的员工。所以，团队组建不是讲虚的，投资人就是按这个逻辑来判断的。

（3）投资人还会考虑团队的管理能力能否支撑未来发展。创业者其实是一天一变的，以很多大企业为例，目前有10万员工，今年的业绩非常棒，股票价格快翻一倍了，那明年会有多少人呢？11万，顶多12万。而创业团队呢？今天3个人，拿了种子轮就敢雇13个人，拿了天使轮就敢雇33个人，到了A轮就敢雇130人。所有创业项目的人数扩张问题也是很有意思的。作为创业者，为什么刚开始出来的时候有投资人敢投你？是因为初创团队能力很强，自我管理到位，业绩优秀，再加上3个能干的合伙人聚在一起，能够使数据一下子漂亮起来。但问题是，如果仅仅有业务能力，等到管130个人的时候会出现什么问题？你会发现自己已经无法深入到业务一线了。此时你需要把自己的品质、精髓、经验复制下去，让每个人按照你的方法去做，然后去管理他们，还要控制得住他们，这个难度非常大。所以，最后你会发现3个人的时候业绩曲线可能以60度的角度向上走，13个人的时候业绩曲线还是以60度的角度向上走，控制得住，

33个人的时候还是60度，到130个人的时候就不一定了。为什么人们都说A轮死，因为到A轮以后控制不住了，再也不能按照前面的业绩曲线的延长线来发展了，单位产量下降，增长速度趋缓，无法满足投资人的预期。

所以，投资人特别喜欢看到有500强企业或国内互联网三大巨头阿里巴巴、百度、腾讯高管支撑的团队。是因为高管本身特别容易拿到钱吗？不是，是因为他有管理潜力、管理能力作为支撑，他有成熟的管理体制和运行经验，他还有很多的管理资源。

我举一个最简单的例子，你没管过大团队，就不知道绩效表该怎么写，也不知道员工薪资该怎么谈，如何激励员工，怎么做培训，怎么做地推。而那些大企业的高管有一系列成熟的文件和经验，按照模板来做就好了。

所以投大企业高管出来创业的项目，至少可以保证一点，就是这个项目不成则已，成了就不会死在A轮上，这大大降低了投资人的风险。如果投一个大学生创业项目，他可能头两个月做得很好，但好不容易坚持到A轮，却死了。

（4）投资人要考虑团队价值观是否适合创业。我们会发现有很多优秀的人不见得适合创业。政府里有没有优秀的人？事业单位有没有优秀的人？大国企大外企有没有优秀的人？但是你发现当让他加班的时候，他会说："今天晚上我偶像的新电影要上映，所以我要去看。"当你说最近公司经济有点紧张，咱们勒紧裤腰带，融到资再发工资，再多发点。他说那不行，我信用卡还没还。这些事情没有对错之分，但从中体现出来的是他不太适合待在创业团队。

有些人是追求安稳的，比如今年年薪30万，明年35万，后年40万，慢慢涨；只要不往下跌，哪怕就不涨，今年30万，明年还是30万，他们都觉得没问题，这是他的价值观。他要什么呢？安全、稳定、"铁饭碗"。而另一些人是怎么样的呢？他们是追求生活品质的，别跟我说创业多么累，我该休假要休假，我该给老公做饭得给老公做饭，生活和事业同样重要。你说他们不优秀吗？只不过他们不适合创业。

注意一下你的团队介绍里面，如果出现有从政府部门、事业单位离职出来的，或者科研院所、高校出来的，要着重讲解说

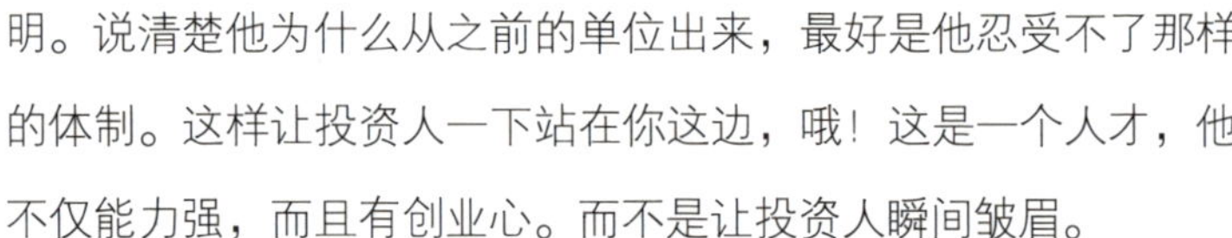
明。说清楚他为什么从之前的单位出来，最好是他忍受不了那样的体制。这样让投资人一下站在你这边，哦！这是一个人才，他不仅能力强，而且有创业心。而不是让投资人瞬间皱眉。

所以，综上所述，投资人看团队是看它的专业互补性，看它的性格特质，看上下级融洽程度，看管理能力是否能支撑未来做大做强，看职业价值观适合不适合创业。

团队契约的五大原则

上面讲的都只是肉，都只是血脉，但是支撑整个团队的框架骨骼是什么？是契约。为什么你的团队能在这儿？刚性条件是你们签了什么样的合同，团队之间股权架构是什么样的，谁是老大。这些就是契约、合同。

我曾经在“联想”辅导过一个项目，创始人还挺厉害，曾任联想的高级总监。第一次见面还有3个团队成员，其中有一个是清华毕业的硕士。第二次见面的时候就剩2个人

了，清华的硕士不干了。项目创始人说他们准备去找清华系的“启迪之星”谈融资。“启迪之星”很喜欢投清华校友的项目，所以看到有清华的硕士就开始聊。但聊完以后，“启迪之星”的话把清华的硕士吓坏了，就不干了，结果不仅融资没拿到，人还走了一个。这就是典型没有契约的结果。

投资人问答环节很有可能问到团队架构的问题。以世界上最好的“西天取经”团队为例，该团队的基础是专业互补。

案例33

唐僧会做全面管理，懂技术、懂战略。他要去西天取经，得有强大的社会资源。孙悟空降妖除魔、开拓市场。猪八戒会化缘、和稀泥，还负责团队里的娱乐消遣工作。沙僧负责挑行李，专业挑担30年，别人替代不了。所以，唐僧会干的事孙悟空不会干，孙悟空会干的事唐僧不会干，猪八戒会干的事唐僧和孙悟空都不会干，这就叫团队专业完美互补。

再来看性格特征互补。唐僧的性格比较软弱，主内。孙悟空的性格比较刚强，主外，打妖怪。即使唐僧真的有孙悟空的能力，让他去打妖怪也打不下去，要么说阿弥陀佛你走吧，要么被妖怪反咬一口。另外有凝聚力的问题，唐僧和孙悟空两个人之前吵过架，台上一分钟，台下十年功，台上看到吵一次架，台下指不定吵了多少次了。他俩内心很挣扎，矛盾很容易一触即发，造成团队崩裂。如果后来没有猪八戒的介入，唐僧最后不是死于妖怪的手，也必然被孙悟空给炖了。所以团队中需要一个猪八戒和稀泥。猪八戒一出现，孙悟空就把对唐僧的矛盾转嫁给了他。所以，他们的性格特质非常互补。

上下级关系融洽不融洽？管理风格怎样呢？首先，唐僧作为管理者，他的管理风格是放权式，抓重点，不会管得很细，打妖怪你打，化缘你去，挑担子你挑，而自己做一些重点工作。他不会干涉你打妖怪必须这么打，你化缘非要那样化，相对宽容，所以上下级关系比较融洽，下面的人也愿意接受他的这种管理方式。

我们重点看看他们的管理能力。这4个人都是重要单位高管出身，全都有过长期的管理经验。首先，唐僧是如来佛祖的二弟子金禅子下凡，身份高贵，他在去西天取经之前管过人。为什么管这3个人管这么好？因为他之前做住持啊，长安那么大的寺庙都管得好，这3个小孩他会管不好？孙悟空也是高管出身，人家本来就是美猴王，成功企业家，加入团队二度创业。猪八戒是什么？天蓬元帅。沙僧，卷帘大将。这样的团队肯定马上就能

获得投资。团队中还隐藏了一个重要的角色，白龙马。白龙马是一般人吗？龙王的太子！虽然他不是管理者，但一般管理者要是有摆不平的事，他出来说，“我找我爹，我来摆平”，什么“奔波霸、霸波奔”轻松搞定。唐僧的团队当时是没有扩容，如果他们要扩容的话，一定能够获得非常大的融资，做得很大。

再看看他们的职业价值观。这一群人都很优秀，但是如果其中有人根本就不想去西天取经，根本就不想创业，这群人能走到最后吗？不能。他们本身的职业价值观是趋向于善，都要从人或妖精变成佛，要修炼。就算让他们连续加九九八十一次班也心甘情愿。所以，取经团队的职业价值观与创业价值观是一致的。

最后看它的脊梁：契约式团队搭建。谁是老大？唐僧！那他们有没有契约？有！下跪，拜师傅，跪下来套个紧箍咒，这个仪式就是契约。股权架构怎么样？股权架构非常好，唐僧是老大，剩下人人都有份，你看后来大家取经回来都封这封那的。有没有处罚措施？不听话怎么办？紧箍咒。这些都保证了这个团队能走到最后，完成最终目的。所以，如果你能把这套逻辑运用到团队里面去，就不会写出一份特别糟糕的团队介绍了。

团队是我们的“命根子”。脱离BP和路演，我们扯个创业

里的细节，就是团队契约究竟需要体现出哪些原则。这些在路演的时候可能不会体现出来，但在问答环节，基本都会被问到。

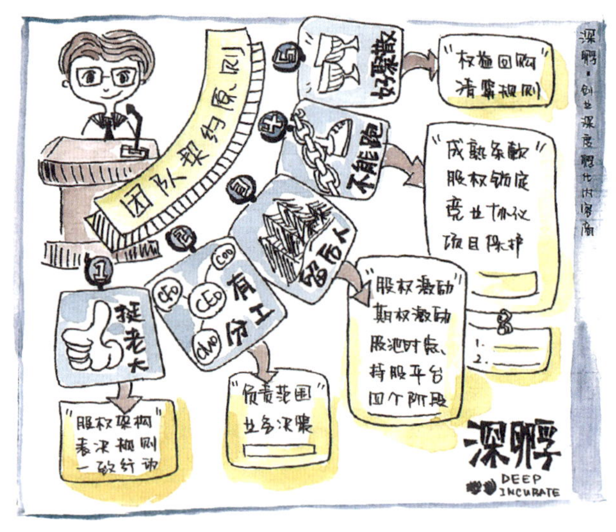

（1）“挺老大”。团队契约里首先要约定好股权架构怎么设置。股权架构是怎样的？五五开？四三三？三三三？都不好。对于早期项目，一般来说如果CEO控股权没有超过65%，我们都认为股权架构有问题。为什么说65%以上会比较好？至少代表你融了两轮钱，你仍然握有话语权。当然，要能达到67%就更

好了。这多的2个点，就代表你有了2/3的投票权，2/3的投票权在法律上有很多特性。

这里关于股权架构还要提一点，CEO控股权达到65%以上很好，但是不一定是CEO自己的股份，也可以包含代持股份。只要他的控股能力能达到65%以上就可以了。

100%控股权全是CEO的好不好？那其他人怎么会有动力呢？所以，你还要往下分，不分也不好，分太多也不好。

当你在路演或者递BP的时候，投资人对股权架构提出了疑问。你可以回答："我们股权架构有一系列问题，不是那么完美，我们也希望能够进行修改，所以等待投资人在投资的时候给予我们建议，我们会按照投资人的要求进行更改。"这样回答，就把这个球踢了回去，当然你要承诺你能改。

然后，要规定好表决决策的规则。比如我是CEO，但公司股权架构有问题，我现在没有控股，而我又想做老大，怎么办？可以放大表决权，放大1.5倍、2倍。当时西少爷分家就是因为CEO要放大1倍的表决权，而其他人不同意，所以吵崩了。所以，你们的契约里需要早早地约定好放大谁的表决权、缩小谁的表决权。

最后，一致行动条款也可以规定一下。比如在哪些问题上或除了哪些问题都与CEO保持一致，投CEO的赞成票或跟CEO投的票保持一致，等等。这些一致行动条款，我们总结为"挺老大"。

（2）有分工。团队的契约应该有什么呢？有分工。团队的小伙伴们有各自负责的范围，业务上要有决策的能力。比如CEO管什么，运营总监管什么，运营总监在什么样的情况下有独立的决策权，CEO可以越权进行否决或改变运营总监的哪些作为，等等。

（3）“留后人”。要留一些通路给后面加入的团队小伙伴或合伙人，因为团队毕竟还需要源源不断地吸引优秀的人才。怎么办？可以有股权激励，也可以有期权激励。这两点不太一样。股权激励是分股份给他，股份是不用买的，是直接送给他的。期权不是股份，期权转化为股份是到一定的时间花钱买的，比如股改的时候，拿着你持有的期权去购买股份。

无论是期权，还是股权，都要设立一个“池”。但要注意设立的时间点。不那么强势的团队在融资之前设立比较好，强势团队在融资之后设立比较好。为什么这么说呢？

所谓强势团队，就是你有足够的条件跟投资人进行谈判。融完资以后，跟投资人谈一起建立期权池给后进来的人，因为你很强势，投资人就听你的。但投资人对创业团队来说，处于弱势下风的情况并不多，绝大多数的团队负责人相对于投资人还是弱势的。所以，我建议你在融资之前就进行期权池或者股权池的设置。融资后，公司就“值钱”了，公司的股份就“值钱”了。这个时候，你再去进行股份变更的话，就会产生大量

的税。但是在融资之前，即使产生股权交易，税也不高。

再往下是持股平台。我们现在要留给后来人股权也好，期权也好，都要提前拿出来做一个池，这个股权池或者期权池由谁来持有？共4种方式：CEO代持，成立一个有限公司代持，股东代持，有限合伙公司代持。

我们先说最糟糕的方式——股东代持。这种方式相当于CEO的投票权被削弱了，放到了股东手上。比股东代持好些的方式是有限公司代持。有限公司是有企业所得税的，当你分红的时候，它分到有限公司里，将来卖股份卖到有限公司里，它照样要交所得税。你的项目公司交一笔税，持股有限公司又交了一笔税，有限公司下面还有谁？还有股东。他们分红的时候还要交一笔个人所得税，这样多亏！

CEO代持的方式还可以。但是它的问题也在于税。CEO帮大家代持了这个股份，这个股份是要分出去的，那么CEO要替这个股份交税啊。

现在比较流行或大家比较认可的方式是有限合伙公司代持。公司原有的几个股东一起再建一个有限合伙公司。由这个公司去持有期权池、股权池的股份。有限合伙公司是不用交企业所得税的，它直接对个人。所以，这些人按各自占有的股份去交税。

最后看下实施阶段。目前美国和中国创投界比较认可的是四个阶段，或者叫四年期。第一年分给属于某股东股份的25%，第二年再分25%，每年分25%，第四年分完，这是第一种达成。第二种是第一年不分，第二年分50%，第三年分25%，第四年分25%。还有一种是前两年不分，第三年分75%，第四年分25%。在这个领域中，大家都认为四年期是比较合理的方式。

（4）“不能跑”。就是让进来的股东跑不掉，或他的权益跑不掉，锁死这些既有利益。具体操作为成熟条款、股权锁定、竞业协议和项目保护。

首先，需要用“成熟条款”约束股东，即股份不是马上给到他，而是根据一定的条件进行股份给予。

其次，需要用股权锁定。什么是股权锁定？一旦你手里的股权成为别人的，他可以拿这个股权进行质押。可能没办法出售，因为出售要通过股东大会，但质押是可以的，他甚至可以通过质押的方式强制出售股份。他可以怎么操作呢？有一个投资人说想用300万买10%的股份，小股东正好有10%的股份。投资人跟CEO说300万买10%干不干？CEO说不干，1000万才卖。然后投资人找到这个小股东，说300万买他的股份。他说：“我想卖，但卖不了，因为要通过股东大会。”投资人可能会说：“好办，你把股份质押给我，我借给你300万，你还不上，然后我告你，法院就会判你把股份转移到我手上。”可以说这就是变相出售股份。为了避免出现这样的情况，就需要锁定股权，

让股权转移不了。

再次，需要竞业协议。好不容易招来的人真的会跑，怎么办？你要跟他签署竞业协议，拿协议先吓他，让他跑不了。签了半年、一年的竞业协议，这段时间他什么也干不了，也不能跳槽。但有人说，竞业协议条款的期限可以写很长吗？如果你很有钱，可以，否则不要这样做。因为他履行竞业协议的每一个月你都要照样给发他薪水，他在家休假，你也要发给他。

最后，需要项目保护。就是我们所说的保密条款。怎样保密？实际上这个保密条款并没有什么用，但签了总比没签让投资人放心。

以上都是很细节的东西。路演跟备考一样，把投资人要问的敏感问题都想到了就不怕了。

（5）好聚好散。人家真的要走，怎么让人家走呢？好聚好散地走。首先权益回购。在协议里提前写好，我也不想你带着股份出去，最多带走一小部分，大部分留下来的我拿钱买回来。除了权益回购还有期权，协议里可以写上让离开的人必须放弃期权的条款。

还有清算规则。大家一起投钱做这个公司，公司成的时候大家都没问题，但要是公司没做起来，账上还剩下一些钱，那就要清算。契约里写清楚每个股东按照什么比例分配，这些内容需要很完整、很规范。这样在投资人问答、约谈、尽调时，他会觉得你是正规军，会对你加分不少。说白了，投资人想到的坑，你都想了，而且都填平了，那他就会对你信心倍增。

为什么团队要讲这么多呢？因为初创项目最重要的就是团队，如果团队这一关过不去，再好的商业模式、再大的市场也没有用。所以，团队必须千叮咛万嘱咐，时时讲、处处讲，永远不嫌多！

融资相关：

不告诉投资人项目在哪一轮，很难有“钱途”

最吐血的BP是没写团队，那最最吐血的BP是什么呢？是没写与融资相关的内容。为什么说最最吐血？因为投资人根本不知道这个项目在哪一轮。如果说融资要融1个亿，投资人就不用太仔细看团队，更主要的是看数据。但如果融资金额是50万，投资人会直接看团队来决定。所以，首先得让投资人知道你的项目在哪一轮。有的BP项目看起来真的很好，但没写想融多少钱，搞得投资人不知所措。

融资这一页主要写融多少钱、出让多少股份，钱的用途，

股权介绍三个方面的内容。

（1）融多少钱，出让多少股份。有的人喜欢在这里提估值，个人建议不用提，何况还有投前估值和投后估值。一般说的估值都是指投后估值，比如1000万出让10%的股份，那就是投后估值1亿。

既然不提估值，那么你出让的股份比例和融资金额之间最好便于计算。有些项目出让的股份比例和融资金额特别奇怪，如果你是这种情况，那还是要写清楚估值的，否则就把投资人弄蒙了。我见过一个项目出让7.5%的股份，融资80万，需要投资人去算下这个估值，这个还好办一点，在种子轮稍微改一改就能明白。但如果是出让7.5%的股份，融资182万，不就完全让人凌乱了吗？182万应该是种子轮呀，但按7.5%算的话估值就过了2000万，直接就到天使轮的估值了嘛，那这到底应该算什么轮？所以，我建议最好凑一个整数，比如500万，出让的股份也是整数，比如5%、10%。但我一般建议早期出让股份在10%～20%，太少投资人看不上，太多会把机会都用光，甚至给以后公司控制权埋下隐患。

（2）钱的用途。有的人会写一个详细的财务预算表，这个其实可以留着后面约谈的时候再拿出来，路演时不建议过早曝光，因为投资人根本来不及看。写钱的用途大致可以用一个五六行的小表，最多别超过七八项内容，大模块介绍就可以。

有些种子轮项目没有那么复杂的资金用途，用几个关键词勾勒也可以。

（3）股权介绍。目的是让投资人知道自己进去后是第几大股东。前文中提过，好的股权架构CEO控股应占65%以上，如果股权架构不好，就不要写了。写出来的就一定是好的、对吸引投资有利的内容。

有时会碰到一种情况，创业者的项目估值比较高，自己也认为不能贱卖，可是融资情况短期又不那么明朗。这种情况我们首先会劝创业者降一降估值。但是说实话，那都是站在创业导师、孵化专家甚至投资人的角度看的，谁是创业者谁知道，对吧！我也做过创业者，也最不喜欢那些专家或者投资人不懂情况在那里瞎说。所以，如果创业者在这个时候非想要自己扛一扛不可，那我就祝福你。这时候又分两种情况。有的创业项目有盈利，或者能够收支平衡，那就没什么关系。关键是有一些项目，不希望降估值，但当下又急需一笔小钱，否则项目可能都活不下去，团队有可能会散伙。比如你希望公司估值3000万，希望能以300万的价格出让10%的股份。但融了很久都没有融到300万。实际情况是公司只需要50万就可以活下去，但50万都融不到的话，公司很可能就要失败甚至倒掉。该怎么办？我教你一招吧。

这时，你可以这么写：拟出让10%的股份，融资300万（无

须签订回购协议），或融资50万（须签订回购协议）。这里的逻辑很清楚：公司着急要50万，所以降价，不惜从天使轮降到种子轮。此时如果公司确实符合正常天使轮的投资标准，已经有了跑通的数据，团队也很不错，那么降到种子轮一般会成为很好的标的。如果50万打进去，就可以解公司的燃眉之急。这笔投资备注了“须签订回购协议”，比如说一年内以两倍的价格，即100万买回来，这样对投资人来说也算不错的收益。试想一下，很多创业者钱不够了就去卖房子，去抵押贷款借贷，如果借债还不上，从此就背上了大包袱，以后真的就没有创业的机会了。这里传授给大家的方法不是让你去黑投资人，而是告诫创业者不要竭泽而渔。个人认为，创业圈也是有社会分工的。创业者本来就是拿智力、体力、时间去奋斗，投资人就应该有属于他的社会分工，即承担财务的风险。早在古老的威尼斯商业制度里就已经为现代的风险投资做了足够的诠释。所以看到这里，投资人也不要骂我，我们都有必要站在对社会整体有利的观点上看问题。

话说回来，按照上面的做法，如果公司万一没有撑下去，50万是投资人的，他承受得起。退一步说，如果50万投进去数据跑通了，公司继续发展壮大，把股份买回来就可以了。而且还有一个可能性，如果真的超常发挥，又赶上了“风口”，有可能项目就越过了天使轮，用50万直接到了A轮前，估值1个亿，同样出让10%，这时候可以融1000万。这时候把这花100万买回来的股份再卖给下一个投资人，你净赚了950万（1000-100-50=950）。

有的投资人拿1000万买你公司10%股份的时候，你现金还不充足，而投资人要求投进公司的钱最好都用在运营上，不愿意让你用在买股份上。遇到这种情况怎么办呢？你可以向投资人借100万，并且将要收回来的这10%的股份抵押给他。他刚刚用1000万才买了你10%的股份，可现在只借给你100万就抵押10%，相当于用1/10的价去抵押，他为什么不干呢？如果项目失败了，这1100万是投资人的，他承担了自己的社会分工责任和风险。但是如果成功了，项目发展起来了，假设又进入下一轮了，估值3个亿，3000万出让10%股份，还用同样的方式玩这10%的股份，来回翻转，最后能赚多少钱呢？你们自己算吧！

所以，很多时候创业者不是通过卖产品赚钱，而是通过股份和资本运作赚钱。我站在创业者的角度给创业者找方法，若我站在投资人的角度，也希望创业者承担多一些的风险。

联系方式：

早一秒找到你，
钱就早一秒滚滚来

最吐血的BP没有团队，最最吐血的BP没有融资相关内容，而最最最吐血的BP则是连联系方式都没有！遇到了好项目最后却联系不上，多么悲催。BP的最后一页写什么？联系方式啊！这一页是从你路演结束到下一个人上场为止一直展现的页面啊，这就是黄金广告位！最值钱的黄金广告位不容浪费，可你们大多数人写着什么？就只写了“谢谢”二字。

好吧，无论如何，最后一页请你老老实实写好你的联系方式吧。但是很多朋友这么写：

像上图的创业者这样写对不对呢？首先字太小了，其次微信号码没必要写出来，用二维码更方便。这时，写上“北京××有限公司”是没问题的，因为投资人该感兴趣的已经感兴趣了，项目都汇报完了，也就不在乎这个时候告诉他项目地点了。

那最后一页到底应该注意什么呢？

（1）注意字的大小。最后一页字一定不能小，太小，坐在后面的投资人看不到。还有一种情况。路演的时候会有主办方，主办方很多是投资中介。投资中介绝对不会希望你跟投资

人直接沟通，所以到这一页会很快被主办方按回主屏幕画面，换一句话说，这个页面的显示时间只有一两秒钟。投资人场场都来，早就熟悉了主办方这套模式，创业者在台上开始介绍融资相关内容时，他们就打开了手机相机，联系方式一出现就“咔擦”拍下照片。结果拍完一看，糊的……

所以，无所谓字好看不好看，一定要尽量大一点，最好为微软雅黑加粗。这样，投资人怎么拍都看得清。

（2）注意二维码。二维码也类似，要保证最后一排的人也能扫到。大部分人仅仅把二维码当作装饰，而实际上它是给投资人扫的。请一定做大一点，标准是：有多大做多大！二维码本身也有很多讲究。平常我们看到路演场上的二维码五花八门的，有APP的下载二维码，有微博、微信公众号的二维码，也有微信个人号的二维码。请问该放哪种？

当然应该放个人微信号！如果你的项目不错，下场后，你的微信上会有很多绿色的“接受”小标跳出来，都是场上加你，也就是对你感兴趣的投资者。这样你才不会损失这些潜在的投资者。如果放微信公众号二维码、放APP下载二维码，路演的目的就搞错了，你不是来收用户的吧。这些东西，等投资人加了个人微信后，你想推什么都可以。所以一定要放个人微信二维码。

另一点让人很崩溃的是，二维码的图案什么样的都有，比如面包、汽车、树叶。颜色也半边绿半边黑半边白。请一定要商务一些，就放黑白的微信二维码，中间是微信logo，这样所有投资人都知道这是微信个人号。

隐藏必杀技：

做到别人想不到的，资本寒冬也暖洋洋

这一部分可以说是整个BP全部结束以后的一个重要亮点（前提是PPT没有被主办方切回主屏幕画面）。

什么意思啊？就是我们可以在貌似最后一页“联系方式”的后面再继续隐藏着无数页PPT内容，比如完整版BP里的商业模式、技术壁垒、商业预算。

试想路演演讲环节结束了，投资人开始提问。比如他们问创业者的商业模式，如果创业者早有准备，就可以轻松一按翻页器说：“这一块我们早有准备，就在下一页。”于是屏幕翻出下一页，直接展示你有关“商业模式”的那一页PPT。接下来你就可以图文并茂地跟投资人进行交流了，此时诠释的效果是不是绝对远胜于只用嘴说？

这样做的优势是什么？首先是图文并茂诠释效果更好。其次当你按出下一页的时候，创业者会和投资人之间产生强大的

心理气场。投资人得想，面前这个创业者得经历过多少场路演才能够总结出这样讨巧的方法，他会感觉你也是老手，这时你跟投资人之间的地位瞬间变得平等，同时他的溢价能力降低。很多时候你翻出这一页，投资人的二郎腿就放下来了。本来他说：“你这个项目没人投，也就值50万。”现在，你就可以紧跟着说：“我现在还有两家在谈，基本上问题不太大，马上签投资协议条款清单了。如果您有兴趣可以抓紧时间，我们可以约个时间一起谈谈。”如果没有后面隐藏的部分，通常这样的话投资人是不信的。但这时你说出来效果就不一样，他会想：“这哥们儿起码参加过五六场路演才能总结出这种经验。五六场路演，但凡每一场有一个人和他聊，拥有两张投资协议条款清单也是极可能的。”所以此时投资人的溢价能力瞬间下降。

最后一个优势是：你极可能获得延长路演的时间。一般路演只有5分钟，如果你用了隐藏必杀技就极可能做10分钟的路演。道理很简单，投资人问了商业模式，你答完后完全可以反问：“难道没有人对我们的技术壁垒感兴趣吗？”你这么一说，几乎可以肯定会有一个投资人傻傻上套说：“嗯，你说说看。”接下来就很简单了，你手指轻轻一点说：“就在下一页。”这样，其他人都是5分钟路演，你通过引导投资人提问并把提问范围提前框好，可能做到10分钟的路演。

这部分的介绍属于必杀技，用这个方法是为了在路演场上拿第一名（前提：你的项目不要太差）。任何一个路演场，不管是好路演场还是坏路演场，第一名给人的感觉都不会太差。所以只要你能获得第一名，那么投资人是很愿意和你谈的。怎么去获得第一名?

假设你第五个上场，后面还有五个没上场。第一种情况是，你用完这招以后，之前上场的人都被你比下去了。你在投资人或者评委那里的心理得分都会比较高。而剩下的那部分人看到你用了这招，他们心都凉了，心想："完了，这一招我没有。"除此之外他还改不了，因为大家的PPT已经在主办方的电脑上设置好了。所以，轮到他再到场上做问答时，他的自我感觉就不再那么好了。"我……我……们没有准备后面仔细说明的页面，我们……就……就用嘴给大家说明吧。"是不是很低级?

另一种情况是，他们可能和主办方商量后修改了路演PPT，增加了仔细说明的页面。不用怕，临时加的，没有训练过，他根本记不住自己在后面加的东西的顺序和内容。第一次这么用，他们也会特别紧张，更增加了不确定因素。

所以，这样做，你很容易获得路演场的第一名，从而成为投资者们热衷约谈的对象。

举个例子，我有一个学员的项目叫“来买地”。他在我的一堂45分钟公开课上学到了这个方法。他就用这个方法参加创业比赛，一举拿到成都赛区的冠军，并进入全国总决赛，后来在总决赛上又获得第三名。据他说，得到了包括“天使湾投资”在内的1500万元的天价天使轮投资。哇，这可是在资本寒冬中哦，特别厉害！

精简版
【路演版】
BP的
五脏六腑
封面
情怀
项目简介
用户痛点
+解决方案

USINESS

PLAN

运营数据

⑦ 团队介绍

⑧

⑨ 融资相关

⑩ 联系方式

⑪

深孵

DEEP

INCUBATE

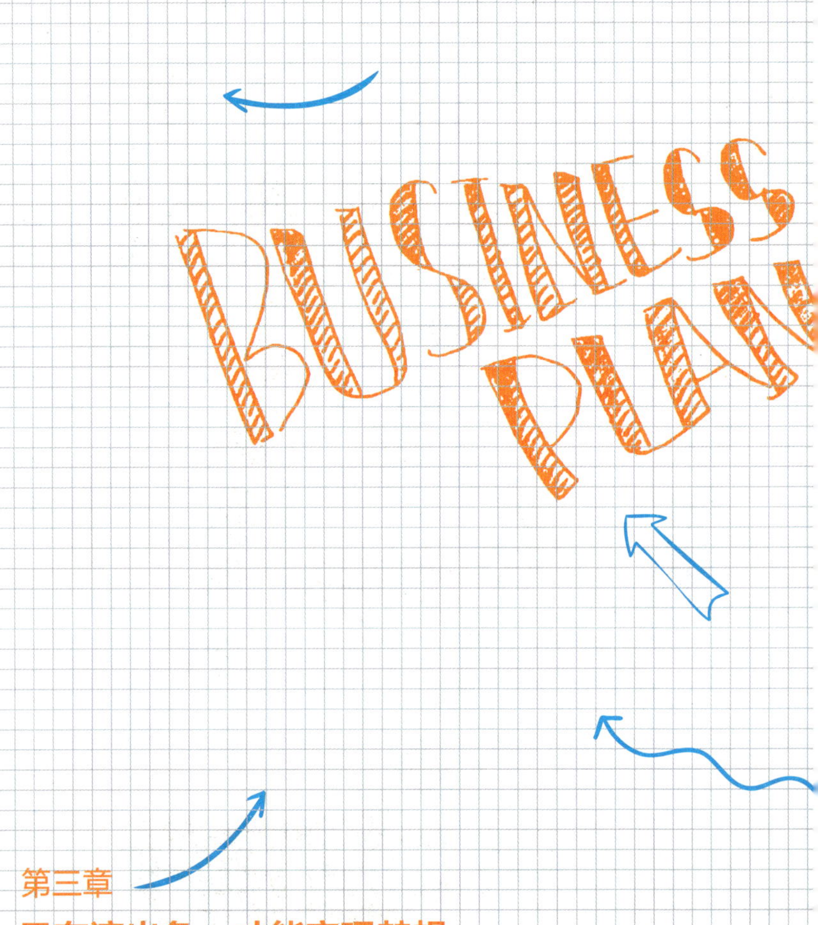

第三章

只有演出色，才能实现梦想

最完美的商业计划书和最精彩的路演浓缩在一起，是快速接触投资人的方式之一，也是轻松有效融到资金的方式之一。本章将用每个眼神、每个动作指导你路演，帮助你远离弯路、错路，成为创投圈的最佳男主角或女主角，离商业大厦的梦想更近一步。只有演出色，才能实现梦想。

路演是最快速接触到大量投资人的方式之一。路演是BP的实景演绎，重点在“演”。路演实战技巧分为PPT篇、准备篇、登台篇、技巧篇，共计15招。

写好演示文稿：

好剧本先行，事半功倍

首先，我们进入“PPT篇”。

第一招：页数

在路演的时候要控制BP的页数。如果路演只有5分钟，算上封面10～15页就足够了。当然不包括上文中提到的可以在后面

隐藏的无数备用页。可以根据时长进行增减，比如3分钟可以做8～9页，8分钟可以做25页左右，10分钟可以做30页左右，以此类推。

第二招：多图

少用文字多用图表。我们的眼睛对什么东西反应最灵敏？是图像。从人类的祖先生出眼睛开始，我们的基因里就对面前的图像有反应。这少说也有4亿～5亿年了。而人类有文字才5000年左右。所以，人类基因里对图像的反应速度和记忆深度要远远高于文字。为了第一时间吸引投资人的注意，就要多用图表。建议大多数的图表不要用PPT自带的工具做。

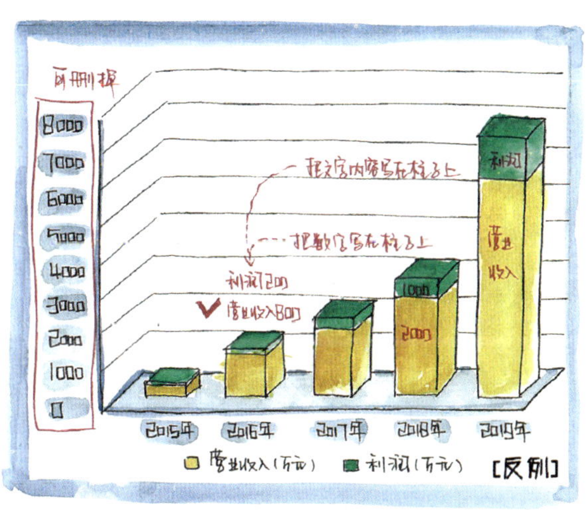

上图是一张直接用PPT做出的图表。数轴上是密密麻麻的各种数字，使用色块来表示图释。这么做最大的问题是你在快速路演的时候，投资人根本没有时间去查看每根柱子的每个部分代表的数量，也没有时间对比每个色块代表着什么。即使投资人真的在现场仔细查看了，那他也就分神了，不能认真听你的路演了。所以，建议图表用作图软件自己做，把数轴上的数字都去掉，把数字和文字内容都写到柱子上，这样就直观多了。

第三招：颜色

事实上，路演和BP还需要用到心理学上的一系列东西。我们现在看到很多BP用颜色让人眼花缭乱。人的视觉有一个标准，一旦同一个页面上超过7个元素就会感觉烦躁。所以，建议颜色不超过四种。补充说明，黑白灰不属于颜色，属于明暗，所以不在考虑范围内。那有人会说，如果在BP里要用到大量饼状图，需要区分颜色，这样肯定超过四种，怎么办？比如你有超过5个股东，比较的时候至少需要5种颜色。我建议用近似色来表示，比如主色是红色，那就可以用桃红、枚红、粉红、桔红、深红等。

第四招：模板

建议不要套用市面上流传的写BP用的PPT模板。我们每天收到大量BP，有1/20～1/15的模板重复概率，尤其是近期热用的一些BP模板。用这些模板到底好不好呢？

（1）这些模板很不专业。比如有些模板讲到痛点，为了制造“痛”的效果，故意用糟糕的情绪来表达，结果却弄得不伦不类。我曾看到有个BP在这部分画了一个烦躁抓狂的女人代表“痛点”的痛苦，又在旁边乱摆了一堆字，字号有大有小。它确实制造出混乱烦躁了，可同时也让投资人混乱烦躁了。这么多痛点，到底哪一个是你真正的痛点？同时，字号大小也没有实际意义，只会乱上加乱。

（2）难以增加印象分。具体地讲，大量使用别人常用的模板无法给投资人一个非常好的印象，或者根本无法给投资人留下印象。如果一个BP让我印象深刻，一般我都能想起它的模板整体是什么色调，比如“起风了”项目是绿色的，“知果果”项目是红色的。为什么我能想得起来？是因为他们的模板是自己的，让我印象深刻。

（3）大量使用别人常用的模板会暴露团队的刚性缺损。如果是2C方向的一个创业团队，如果连一个能做好PPT的人都没有，那还出来做什么2C创业，做什么互联网创业？投资人一下就会看出这个团队没有UI，没有产品经理，或者CEO缺乏投资人思维。初创团队投什么？投团队啊！所以如果是这样，那BP还需要往下看吗？直接扔“回收站”得了。我的秘诀就是，做模板要先选主色调，可以用公司商标的主色调来做模板的主色调，如果你连商标都没有，就先做一个吧。另外，还可以请名片设计师帮你做模板，这样会和公司的整体形象比较契合。你想想，PPT是长方形，名片也是长方形，其实都类似，他能给你设计名片，就能给你设计PPT模板。很多人名片的背面看上去不就像个BP的封面吗？

第五招：字体

要牢记“字大、字少，提词器”。路演的时候字一定要大，大到什么程度？大到最后一排的人都能够清晰地看到。前文中我提到很多人的项目简介全是密密麻麻的字，路演时间紧张，需要投资人对BP中的内容进行快速反应。密密麻麻那么多字，当你念完，路演时间也结束了。有人更奇葩，说没关系，我跳着念，高度概括、高度总结。但你跳着念的时候，下面投资人的眼神都迷离了，根本不知道该看哪儿，只顾一个劲儿找你在讲哪一段。所以，你所说的内容投资人根本没听进去，自然也就没办法进入你的逻辑体系，你也就没办法让他理解你的

想法和思路。

路演时，BP上这些文字的作用到底是什么呢？很多人是直接用来对着念的，因为他自己对内容都不熟。我经常看到路演场上有这样的创业者，整个人背过身去，对着PPT一通念，和投资人完全没有互动与交流，给人留下的印象实在是太差了。为了让投资人对这些内容反应更迅速，第一，字要少，所写即所念；第二，文字不一定要写特别完整，只写关键词、重点词，这些词对你来说只是标题性的提词器。这样也可以让台下的投资人大致了解你在讲什么，同时你不知道下面该说什么了，可以看一眼PPT，然后继续说出你的内容。

第六招：商标

建议每页都有项目的商标。这个很容易理解，就是要在每一页加上公司或项目的商标，不停地让投资人加深印象。

例如，我最初对你的项目不太感兴趣，可是你在路演的

时候，给我看了15页PPT，每页都有自己的商标。过了两三周，当我和别人聊起其他项目时，我又看到了这个商标，觉得似曾相识，好像还不错，可以再继续了解了解。这样，你的项目又多了一次希望。这种情况其实在我们日常生活中非常容易发生。我最初看“车雅途”这个项目，感觉很一般，就是做行车记录仪。结果有一天我跟一个政府领导交流，他说自己正在用一款智能行车记录仪，感觉非常好用。我以为是“极路客”，但他查了自己的购买记录，很兴奋地告诉我是“车雅途”。我一下子就想了起来，因为“车雅途”路演的时候商标非常醒目。由于这位政府领导作为客户见证了“车雅途”的实际使用效果，于是我第二天调出他们的BP，并打电话说见面聊聊。

所以，商标非常重要，能够加深投资人对你的印象。

第七招：画面比例

我们一般常用PPT的画面比例是4：3或16：9。4：3方一点，16：9宽一点。当你路演时，可能会遇到4：3的屏幕，也可

能会遇到16：9的屏幕，因此一定要提前确认，选择最合适的尺寸展示。比例正确与否对展示效果有非常大的影响。比如你的PPT是按16：9的尺寸制作的，如果用了4：3的屏幕，不仅两边会留黑及比例变形，而且里面的文字也会缩小，甚至小到看不见。所以，不要一份BP打天下，路演版的BP最好准备两个尺寸的，一个4：3，一个16：9，这样做才最安全稳妥。

第八招：动画

很多创业者的BP里插入了大量动画。动画确实吸引眼球，但如果满篇都是动画就让人堪忧了。一个动画就算是1秒钟，满篇动画要多少时间？20个动画就是20秒，一个情怀部分都能讲完了。路演时间那么宝贵，根本没有那么多时间让你挥霍。另外，你可能觉得动画很漂亮、很炫酷，但投资人天天看BP，看动画都看吐了。所以，投资人想看的是干脆利落的“干货”，而不是浪费时间的动画。但动画也不是一无是处。比如“用户痛点和解决方案”这种页面中，特别希望引起投资人注意的内容可以少量使用动画。这里我还要说明一下，因为动画太多会浪费时间，如果必须用动画，建议使用“动画→添加效果→进入→出现”的方法。

做好演前准备：

工欲善其事，必先利其器

接下来，我们进入“准备篇”。

第九招：准备

（1）你需要事前注意文件格式。文件尤其要避免用PDF格式。有时候PDF格式的文件在自己的电脑上看起来很正常，但在路演场的电脑上不一定放得出来，还有可能卡一半或总对不上整页，原因是阅读器不兼容。如果你使用PDF格式的文件是为了保密，那你可以在路演结束后将文件从主办方的电脑上删掉。

另外，WPS格式的文件也需要注意一下。你到路演场上看看主办方的电脑能不能放得出来，不要仅仅检查头几页，无论是WPS的还是PPT的，一定要检查到最后一页，因为中间有可能字体结构会变乱，尤其是图表。如果图表不是按我上文提到的作图软件做成的，而是用PPT自带的图表功能做的，一旦你放到WPS上，后面的文字很可能会变成乱码。如果不仔细检查，到时候一按就傻眼了。

我就曾经见过因准备不足而尴尬的路演。在一次路演场

上，一个创业者的BP怎么都放不出来，也没有备选方案，就被直接赶下去了，这不仅显得你特别不专业，还让你失去了一次展示自己项目的好机会。所以，去路演别贪图省力，一定要带着自己的笔记本电脑。万一主办方的电脑放不出来，你马上用自己的电脑播放，还有回转的可能。万一主办方说不能用自己的电脑，最起码你还有一台电脑能临时进行修改，不会拿着U盘抓狂。最好的方法就是提前半个小时到场，如果出问题，不管是PPT、WPS格式还是PDF格式，每页都截屏保存，并用这些截屏的JPEG文件重新做一个PPT。这样做是因为PPT里的图片是每台电脑都能播放的。这样的补救措施只不过让你损失了动画而已。上文提到过，动画算不了什么。

（2）你需要准备一个转接口。如果主办方同意你用自己的电脑播放，请你事先打个电话问清楚对方的接口是高清晰度多媒体（HDMI）还是视频图形阵列（VGA）或是其他的。最好的解决办法就是准备一个万能转接口，不管是VGA还是HDMI，都没关系，只要调整一下，都能连上，这叫作有备而来。

（3）你需要准备一个翻页器。不论翻页器有多复杂，我们最主要用三个功能——上、下、灯。很多创业者不是很熟悉刚刚从场上拿到的翻页器，这很让人抓狂。现场问主持人这是上还是下，这实在太傻了。万一乱按动不了了，你待在那也是在消耗时间，5分钟一到就请你下场了。所以，早早到现场把翻页器的按钮布局拍下来，在上场前背下来，熟悉了就不会用错了。更专业的团队甚至自带熟悉的翻页器，这样就永远不会按错了，当然也得主办方同意哦。自带的翻页器一定要记住检查电池电量。如果是锂电池请提前充好电，如果是5号电池，请带好备用电池。

演好商业计划书：
尖峰时刻，胸有成竹

然后，我们进入“登台篇”。

第十招：关于紧张

上了路演台，发生各种情况你该怎么办？首先是紧张，要是下面坐了个著名投资人，你就更紧张了。人一紧张就易出糗：搓手、流汗、抓裤缝、前后抖脚。某企业服务公司的CEO原来不太会路演，第一次上场投资人就提醒他说：“你能不晃了吗？”投资人对自己说的第一句话就是否定自己的，这只让台上的你只能更紧张。那么如何克服紧张感呢？

（1）登台时措施。先模拟上场情况。一般人都会有点紧

张。没关系，你可以保持一点紧张的状态，然后伸手摸一摸脖子后面，接着一弯腰一点头一笑："有点紧张，请大家掌声鼓励一下吧！"为什么要用手摸脖子后面呢？因为这是一种放松方式。平时我们摸猫也是摸后颈，摸马也是摸脖子，这里的神经元很丰富，一摸会很舒服。这个动作中有微笑，对吧？为什么呢？首先，笑会触发我们人体脑垂体分泌一种物质——多巴胺。多巴胺被称为人体自然麻醉剂，它可以瞬间让人体感觉到放松、轻松。其次，投资人看你笑了，他也容易笑，心理学上叫"镜像反应"。一般来说，在第一次与人接触时，你对别人什么态度，别人就会对你什么态度。最简单的就是哄宝宝的时候，你笑他也笑。你对投资人笑，他也容易对你笑，你对他板着个脸，他肯定也活泼不起来。一旦你调动了他的情绪，你就在逐步控场。

具体来讲，一上场说的"有点紧张，请大家掌声鼓励一下吧"是在调动现场气氛。如果你能控制现场的节奏，整个现场就在你的掌控之中，大家关注的焦点也就到了你的BP上。另外，让人鼓掌这件事也很有意思。当你说掌声鼓励的时候，一般大家都会看着你，然后只要有一个先鼓掌了，那其余的人就会跟上继续鼓，这叫什么？"从众效应"。所以，你可以安排一两个托负责鼓掌，和他说好到了你停顿的地方鼓掌。他们一旦鼓掌，整个现场就被带动起来了，这就展现出了你控场的局面。控场能力能从一定程度上反应CEO的领导能力，因此很自然地就被投资人认为这个人有创业的素质。

那为什么要告诉大家自己有点紧张？主动承认紧张是在自损，那么一会儿我发挥得不好也情有可原。人都有恻隐之心，你很紧张，那他们就有可能放低一点标准。但是你偏偏又是经过训练、特别会路演的人，讲完之后效果还不错，那么投资人会对你刮目相看。“紧张都讲这么好，不紧张那不是更精彩了！”一般大多数创业者都绷着个劲儿，装着自己不紧张，结果一旦紧张没讲好，接下来的每一瞬间都会减分。而你一开始就坦白自己很紧张，先拉低了投资人对你的期待值，后续你的发挥只要正常，那都是加分项，这叫“降低预设标准”。要是讲得好，发挥出色，就是意外惊喜，这个时候投资人给你的分就容易打得特别高，你也就容易拿到第一名。

（2）登台前预防。我们必须要等到台上紧张得抓裤缝吗？在台下就不能让自己放松下来吗？当然可以。和大家分享几个动作：咧开嘴巴，露出上牙，调动自己的苹果肌和膈肌，用力模拟我们大笑时喘不过来气的那种声音。注意，重点在用全力笑着吐气，不用太多吸气。大家可以当场做实验，来回做个30秒。用力过后有没有感觉脖子后面在冒汗？为什么？因为这一刻你在模拟笑，调动笑会用到肌肉，而大脑潜意识会认为你真的在笑，就会产生大量多巴胺，迅速让你从紧张到放松。这叫

“肌肉笑容全模拟”。但是请注意，这个动作只能在场下做，在上场之前5分钟、10分钟的时候做，找一个没人的地方躲起来做。千万别在有人的地方做，那样会被当作“神经病”。

第十一招：场上行为

（1）走位。

有演讲大师总结过一句话：坐着讲不如站着讲，站着讲不如走着讲，走着讲不如走下去讲。

大家先看一下坐着讲的状态。为什么一般这样讲没有很强的气场？因为你和听讲人是平视的。当我们站起来走到别人面前是怎样的？我们是俯视的状态，这个俯视角度越接近于垂直，对人的心理压迫感就越强。我们平常祈祷的时候，会对着地上祈祷吗？一般都是对着天空，因为人往上看的时候往往是一种求助和处于弱势的状态。小时候爸爸妈妈比我们高，哥哥姐姐比我们高，所以我们得到的一系列心理暗示就是高的人比我们有气场。因此，如果我比你高，我站着你坐着，一般来说你就容易被我控场。

另外，为什么站着讲不如走着讲？你走着讲可以调动大家很多注意力。演讲人不能静下来，一静下来就容易让人分神。如果走动起来，注意力就会一直集中在你身上了。而走着讲不如走下去讲，走到他们面前，俯视角度就会更接近于垂直，你就容易控场。另外，如果中间有一条直通最后一排的通道，那就太好了。你可以从那里慢慢地边说边走下去，当你走过包括投资人在内的观众，到他们背后时，投资人出于礼貌及自己的地位、姿态，是不会转头看创业者的。这个时候你在他们的背后中气十足地介绍自己的项目，他们会感受到一股强大的气场从后面汹涌而来。“背后控场”符合人类心理学的规律，甚至符合动物心理学。动物最容易被攻击的部分是后背，后背也是最弱的地方。我们可以想想，在漆黑的小巷里，我们是不是经常看看背后。所以，当你在他们的背后发出声音，而他们因为各种原因不能看你的时候，他们的心里是不安的。所谓“控场”就是给别人一种不安全感，这样你就有很强的气势。

走位也很有讲究的。路演只有5分钟，你要注意重心好好走，把腿挺直了，把腰挺直了，要用京剧步走稳了。我们平常走路的重心是靠前的，而京剧步是反的，是靠后的。靠后代表你心里是稳的，心境是平的。这样走会给人留下一个沉稳的印象，让投资人感到你有成为一位优秀CEO、一位优秀领导者的潜质。

此外，有时候我们把屏幕挡住了，怎么办？要让开吗？很多人会直接用后退的步伐让开。但是，你要知道，当你在后退的时候，别人会感觉你很心虚，这又是一种动物心理学。所有

的动物都容易对与自己迎面退去的动物有一种鄙视和攻击性。你跟狗对峙过吗？你往前进它就往后退，你往后退它就往前进。那么我们应该怎么办？你可以直接转过身去，一步一步慢慢地说直到自己移出屏幕。该怎么走呢？首先把背对着听众，然后走京剧步，走到恰当的位置转身站好。这其实还是上文提到的“背后控场”。上文我们说过人们的背后最弱，最容易被攻击。但是，如果你够强大，你就不怕把你的背露出来。老虎敢用自己的后背对着羊，是因为羊对它来说完全没有攻击力。我们不能对投资人一直背对着，这样显得没有礼貌。但是，个别短时间地背对是很正常的。在这个过程中，你会散发出强大的气场，给投资人传递出“我不怕你”的信号，当然你也就能实现有效的控场了。

（2）眼神。

眼神的使用有两种，一种是“弹射式”，另一种是“扫描式”。首先看看弹射式。在我上课的时候，往往左边的同学觉得我在看他们，右边的同学也觉得我在看他们。很多人都以为我在看他，但其实我谁也没有看，我只是在做一个点状的弹射。所以你也可以用这种方式，折线式把眼神打到人群的尽头进行反射，然后再到尽头再反射……场上除了第一排最两侧的部分不容易看到，其他部分基本都在这个扫射范围内。大家都认为你在看他，那他也就不好意思不看你，投资人也一样。

再说说扫描式眼神，这对创业者来说可能有一些难度，但经过训练可以做到。你往哪里走眼神，就往哪个方向横着慢慢地从左到右或者从右到左扫过去，好像在巡视检阅一样。这种扫射会有更强的控场感，但是这个难度偏大，大家可以试着配合横向的京剧步去做。

（3）手势。

第一是避免双手接触。我们在紧张的时候经常会双手抓到一起，或者双手抓一个东西。在场上你往往会双手抓话筒，没有话筒你会抓翻页器，如果连翻页器都没有，你就很容易双手抓在一起搓来搓去，这些都是人在紧张状况下的正常反应。因为自古以来双手碰在一起是我们祈求上天的方式。因此，我建议避免双手接触，不然会让别人觉得你很紧张。如果你不习惯，在实际上场的时候，你可以一只手背过去，一只手放在前面，这样就会好得多。

第二是抓棍状硬物。人一紧张就想要抓硬物，特别是棍状硬物。因此在场上你可以抓话筒，或者用其他棍状硬物代替。如果实在没有，随便抓一个东西也可以，甚至可以自制道具，比如把一张A4纸卷起来做成棍状硬物。棍状硬物自制好以后，不要死死地抓住，可以只用食指和大拇指抓住，剩下三个手指虚握在棍状硬物上，这样在握着它探出去的一瞬间能够有一个“握实”的动作。这个动作跟打击乐乐手演奏时点头打出节奏和间歇一样，可以有不同的间歇，这样整个感觉就出来了。

没有道具怎么办？可以用“手刀”，也就是把我们自己变成一个棍状物，依靠手臂的动作辅助发言。腕关节一定要卡好，不能软，否则很难看。手掌朝斜上方，伸出去说“大家好”；可以把手掌放在胸口说“我叫×××”；还可以把手掌向前大拇指向上说“很高兴认识大家”。我们可以用一些形象的方式记住这些手势：切苹果、抱苹果、丢苹果。除了这三个动作之外，只要你的手变成“手刀”，并伴随着发言不时地削切，每一句话都可以变得非常有力。大家玩过“水果忍者”吗？像那样“削削削”就行。

第十二招：话筒使用

我讲课的时候一整天都带着话筒，从话筒传出来的声音都差不多大小，因为我把话筒放在了脸旁固定的位置上。我们常常用手拿着话筒，而头转开后话筒就收不到音了，传出来的声音一会儿大一会儿小，很影响效果。因此最好把话筒贴在下巴的前方，不要轻易移动。有的创业者可能唱卡拉OK太多了，拿话筒的方式非常丰富，各种换姿势……我们下巴正中有一个“承浆”穴，当我们紧张的时候，把话筒紧紧地贴上去，人就没有那么紧张了。

第十三招：不同大小的空间配合不同的音调

小路演场可能是一个小会议室也就能容下三五个人，大的路演场有两层楼那么高，可以容纳1000人。身处不同的场地，发音的方法完全不一样。大路演场经常有回声，话连在一起说根本无法听清。怎么办呢？在高大、宽敞的路演场，要把音调提高。若是在小路演场就不能用高音，否则会让人感觉很躁。越小的路演场，越要用深夜广播那种低沉的声音，让人感觉很沉稳很亲切。所以，在不同空间要配合不同音调。

运用好技巧：
两颗定心丸，锦上添花

最后进入“技巧篇”。

第十四招：有关术语

坐在下面的投资人可能大多数都跟你的行业不太相关，因

此有时候会听不懂你用的术语，一旦听不懂，他就很容易不感兴趣，也无法进入你的逻辑圈。记住，尽量少用术语，多用大白话。

案例36

我曾经辅导过一个关于飞行的项目。他们第一次路演的时候说了一大堆术语，“根据飞标司的数据显示”“我们团队来自C919”，完全听不懂啊。飞标司是什么？是中华人民共和国民航总局飞行标准司。不知道的人还以为是个做飞镖的公司呢。如果投资人马上上网搜飞标司是什么，等查到弄明白的时候，你可能已经讲到下一页了。所以，要把术语翻译成大白话，对投资人只需要说：“根据国家有关部门数据显示……我们团队来自国产大飞机……”这样投资人就很容易明白了。

第十五招：报喜不报忧

路演的目的是让投资人对你感兴趣，所以只说好的事，不那么好的事别那么快说，等以后拿到投资了再慢慢说也来得及，至少也得等到第二轮约谈之后吧。

战略分析（SWOT）是我们在做BP的时候经常用到的战略工具。理清自己战略用的BP，自己看就可以了。你给投资人看的那份BP不要傻傻写出自己的弱势和威胁，只要把强势项目、机会告诉投资人就好了。你想想，投资人还没有对你的项目感兴趣，你就给他看这么多让他兴趣下降的东西。这样做好吗？所以记住，SWOT不要全部，只要“S”（优势）和“O”（机会）就行。

牢记“带妆彩排”：

台上5分钟，台下7天32遍

以前路演就是在露天的路上边演边讲，后来慢慢改到场内。创业者在路演的时候说自己的项目有多好，说白了就是哪个时候上市、准备配发多少股份、看看有谁买。所以，路演说到根本上就是一个“演”。那么“演”的概念是什么？演出来的就不完全是真的。很多人上场后会不好意思，但现在不是让你表现出真实的自己，而是需要你演出一个CEO、一个领袖的样子。在路演场上的不是你自己，是一个CEO该有的样子，是要表

演成另一个人，那是你的任务。

凡是“演”就要有排练。排练的最高境界是什么？春晚最后一次排练叫什么？叫“带妆彩排”。一个道理，路演既然是一场“演”，你就要保证上场时所有的细节表现出好的效果，那么你也需要做“带妆彩排”。

为什么强调“带妆彩排”？很多人是自己在家穿着睡衣练，也有很多人练的时候不出声，只是默念，但这样上场的时候你可能连声音都发不出来。另外，“带妆彩排”意味着你要穿上上场时要穿的全套装备。比如，平时你穿平底鞋，但上场你需要穿高跟鞋，要是平时不练，到现场你可能会脚疼，甚至可能还会崴脚。练习时不穿西服，不系领带，到正式路演再穿戴你可能会因为紧张而发热，所以平时练习时就要穿戴好。该化妆化妆，该抹唇膏抹上唇膏，如果你平常不抹唇膏，路演时再抹说不定会感觉很黏、很难受，也会影响你的心情和发挥。

所以练习时，把该穿的全部穿上，全副武装，该做的所有事都做了，该备好的所有东西都备齐了，这样在路演时你必然会胸有成竹，轻松搞定。

台上5分钟，台下需要多少功？记住这个数：32遍。它是“30遍+2遍”组成的。在路演的前7天进行正式彩排，路演当天就别彩排了。路演的前1天往前推7天，做30遍的“带妆彩排”。30遍能够保证的是什么？是熟练度。彩排时还需要限定

好时间，只有5分钟。

什么样的彩排算是成功的32遍“带妆彩排”？5分钟路演，你在4分30秒到4分45秒之内结束的才叫成功的彩排。练到最后基本到快结束时你都形成了条件反射，语速都能自如地控制好，特别准地在那最后30秒内结束。为什么提前15秒？因为要留出时间做各种临场的危机处理，比如麦克风没电了。如果彩排没有控制在这个时间之内，都不能算入那30遍。

为什么要规定这“7天”的时间呢？如果练的时间太久，到场上很容易发挥不出来。当天为什么不要练？为什么不把30遍放在当天，因为当天有当天的任务，而且当天练得太累了，你上场就没有感觉。只需要把32遍中的最后2遍放在当天练习就可以了。路演当天起床后，什么也不干，只需不用带妆地练习一遍。另外一遍是上场前，比如距离你上场还有两三个人的时候，练一遍，这叫“恢复状态”。到这时，上场只不过是复制你之前练习的32遍，你说上场后你还会特别紧张吗？就是再背一遍而已。

BUSINESS
PLAN

路演实战十五招
1 页数
10-15
2 多图
3 颜色
朴素
近似色
对比色
4 模板
不套用
5 字体
字大
字少
提词器
6 LOGO
小标记
反复出现

面比例
3
16
9

10
紧张
TAKE IT EASY

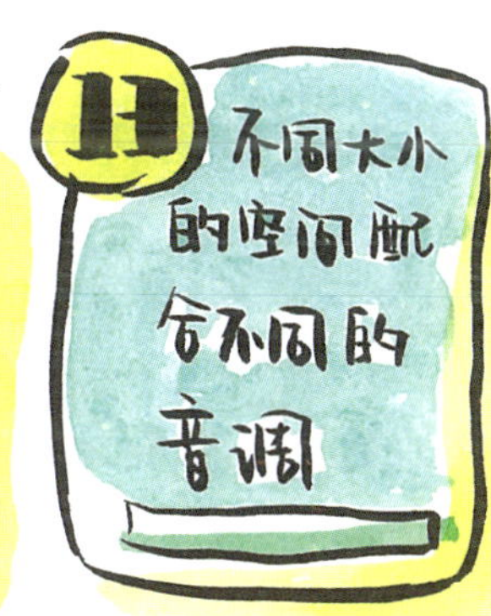
13
不同大小的空间配合不同的音调

动画
恰当聚焦

11
场上行为
眼神
走位
手势

14
术语
少术语
多白话

准备

12
话筒位置
放在脸旁固定的位置

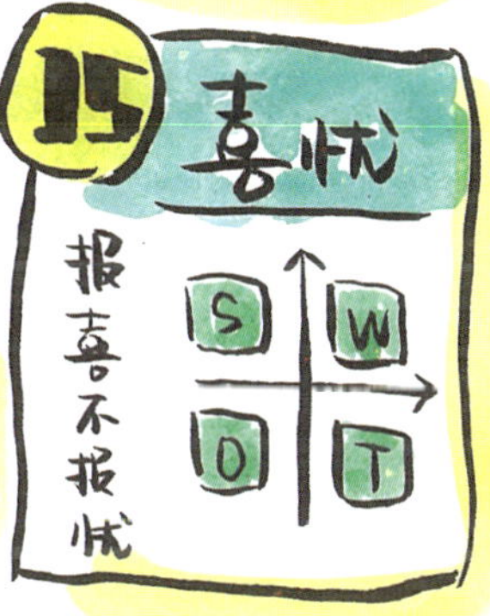
15
喜忧
报喜不报忧
S
W
O
T

商业计划书

- 首先用大字字母显示项目名称，标出logo。
- 用不超过12个字写出一句对风险投资的品牌口号。
- 以logo的主色之一黑灰色为整个BP的主色，然后以logo的另一个主色橙色作为本BP的点缀和强调色。
- 全篇使用微软雅黑加粗字体。

- 本页没写情怀，等到最后再说。
- 120字以内介绍清楚“深孵”是一个什么样的项目，做的是什么事情。
- 用橙色作为强调。
- 右下角始终保持有“深孵”的logo。
- 右侧始终保持有深孵的品牌口号。

项目简介

“深孵”得名于“深度孵化”，我们致力于成为“中国领先的创业深度孵化内容商”。

我们为早期创业者以及众创空间提供自身研发的“一对多的创业培训”“手把手的创业辅导”等深度的创业孵化内容。

深孵·创业深度孵化内容商

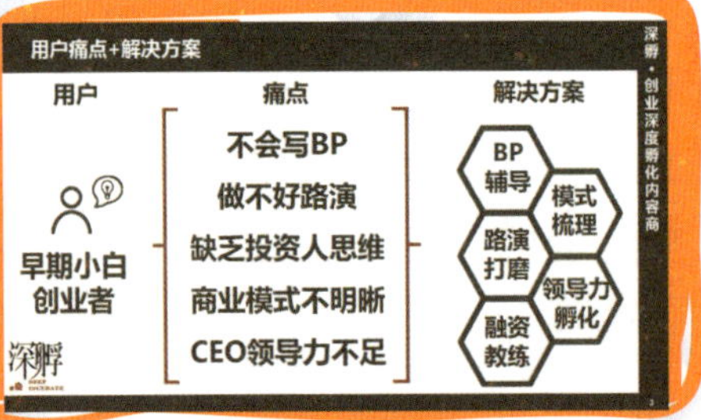

- 左边写用户，中间写痛点，右边写解决方案。
- 同时配上动画，先显示用户，之后显示痛点，最后显示解决方案，让投资人查看的时候可以聚焦在显示部分。
- 既可以看到每个部分，又可以把每个部分的逻辑联系起来查看。
- 用橙色进行美工点缀。
- 因为logo在右下角摆不下，放到了左下角。

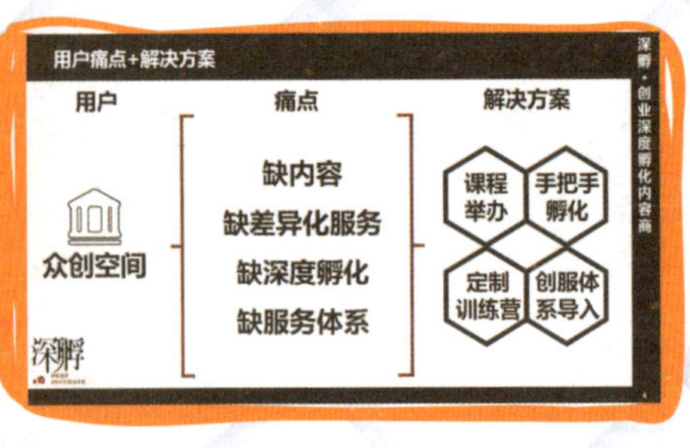

- 这是第二页，因为有两类用户，所以分开两页进行单独说明。

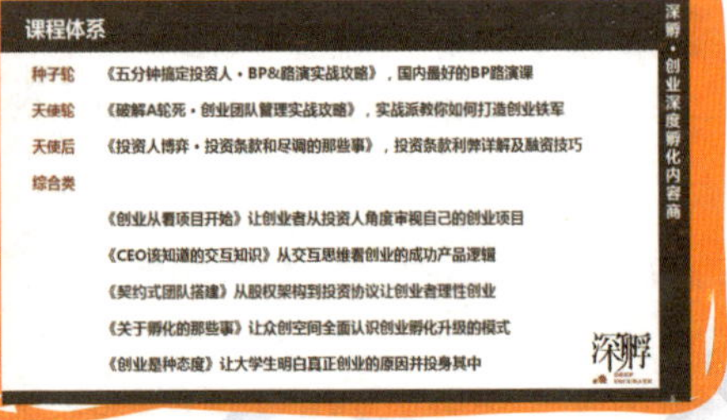

- 本页其实就是快速勾勒产品的内容，可以让投资人看到产品已经成型。

- 作为早期项目，如果数据很棒很丰富，就有很大优势，所以本BP用了5页专门罗列了各个方面的运营数据。
- 在主标题后用括号标出本页的运营数据的分类。
- 摆出经典案例证明我们在BP和路演辅导方面的能力及优势。

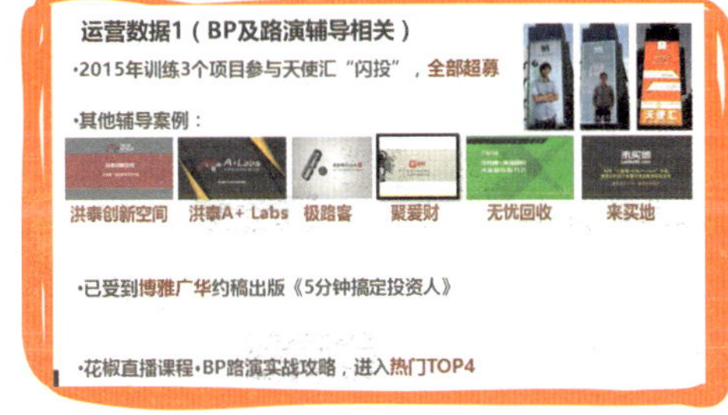

- 摆出相关的产品逻辑也是一种研发数据的体现。
- 摆出著名辅导案例证明我们在创业团队管理咨询方面的能力和优势。

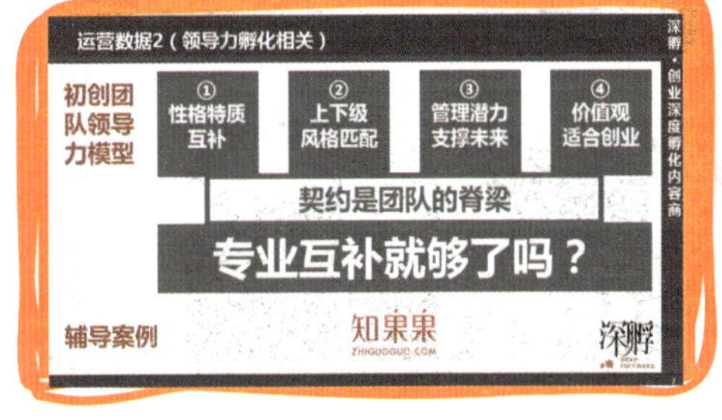

- 摆出合作案例证明我们在创业训练营方面的能力和经验，同时验证市场的跑通数据。

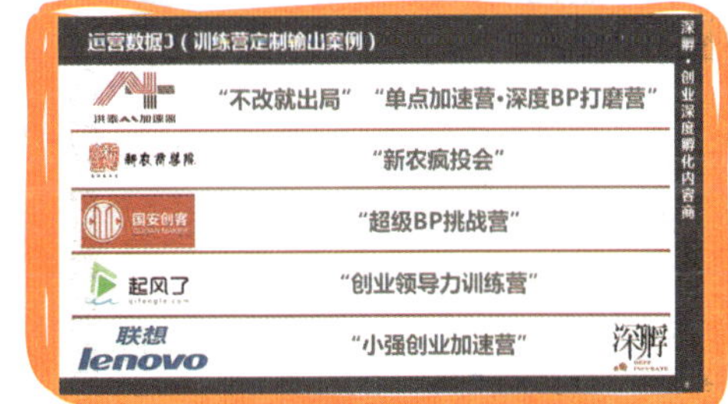

▶ 用logo墙的形式，摆出合作案例，证明我们的合作拓展能力，揭示我们在创投圈广泛的人脉资源。

▶ 用照片墙的形式，展示我们过去9个月的讲课实况，并且用量化数据来说明团队的执行效率和课程频率。

▶ 当然这里也有装厉害的成分，因为9个月58场课程在创投圈应该算首屈一指，以此来告知投资人我们有大量的线下曝光机会。

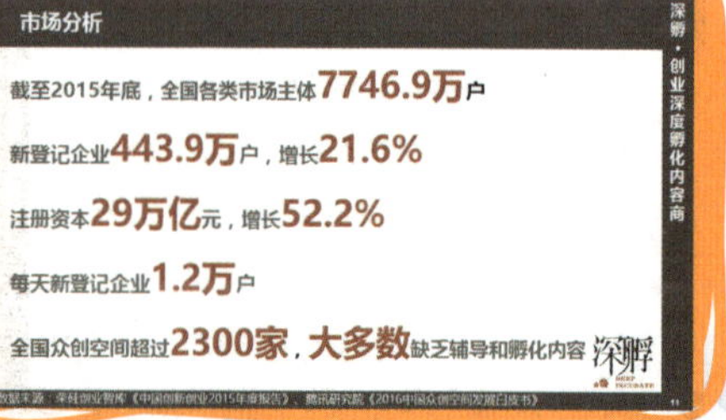

▶ 本页没有按照一般市场分析使用图表，只是简单勾勒一些数据。

▶ 重要市场数据信息放大处理，并以橙色加以突出，让投资人注意看这些地方。

▶ 最下方小字写上了“数据来源”，证明本市场分析较为客观。

- 本页就是所谓的“竞品分析”，之所以不列举竞品列表，是因为该行业本身是投资人所在的行业，他们对行业内竞品非常了解，没有必要做更多介绍。
- 直接列出“深孵”在竞争中必然取胜和独树一帜的优势，并且这些都是之前几页提及的，只是做了一个小总结让投资人加深印象。

对比竞品的优势

1. 口碑第一的BP和路演课程
2. 业内数十家紧密的合作伙伴
3. 超大量级品牌地面活动能力
4. 人气导师传播风格独树一帜

深孵 · 创业深度孵化内容商

- 有图有真相，因为创投行业是比较崇尚休闲的，基本使用了比较随意的照片（如果你是金融的项目，一定要西装革履哦）。
- 点出创始人和重要联合创始人的姓名，其他人不写名字。
- 每个人都用2～3个关键词做了勾勒，重点使用大量的量化用词做强调和装厉害。

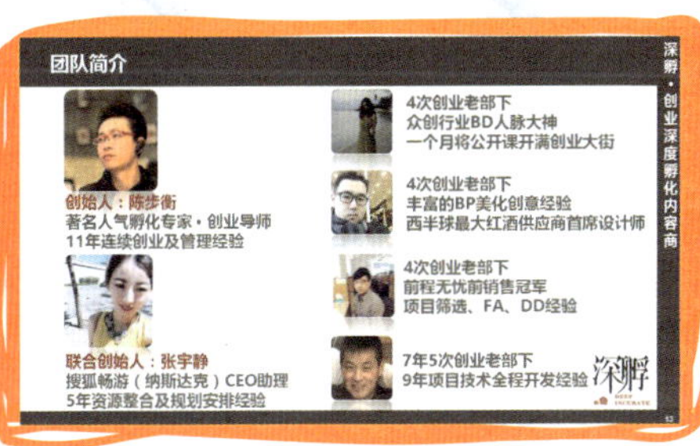

- 大字标出重点信息——融资额和出让股份。
- 早期项目很难做估值模型，直接写出了估值原因。
- 资因为路演时间有限，金使用情况没有详细列出，仅进行勾勒。
- 股权结构部分告诉投资人，CEO绝对是老大，但有团队分股和期权计划，括号里的意思是“我知道要分配股权池，以后的事等投资人来了咱一块儿商量”。

融资相关

拟融资：**200W**，出让股份：**10%**

估值原因：团队优秀+数据良好（盈利中）

资金使用：一年人力成本、办公行政用度

股权结构：CEO占股80%（暂未分配股权池）

深孵 · 创业深度孵化内容商

- 二维码选用了最正式的黑白加中间微信logo的版式，二维码巨大，保证最后一排的朋友也能扫到。
- 联系方式巨大，列出了公司全称，电话号码等保证拍照能拍得到。
- 路演稿并没有提及“联系方式”几个字，投资人自己看就知道了，而是口头说明创始人的情怀，具体请查看路演稿部分。
- 在本页之后使用无数页隐藏招数，可以在路演后的问答环节进行使用。

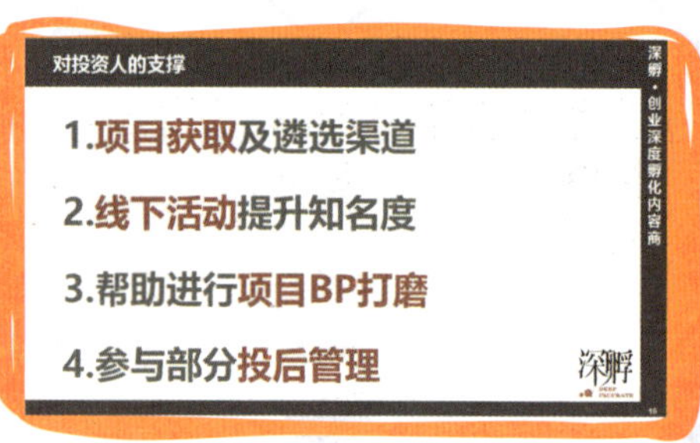

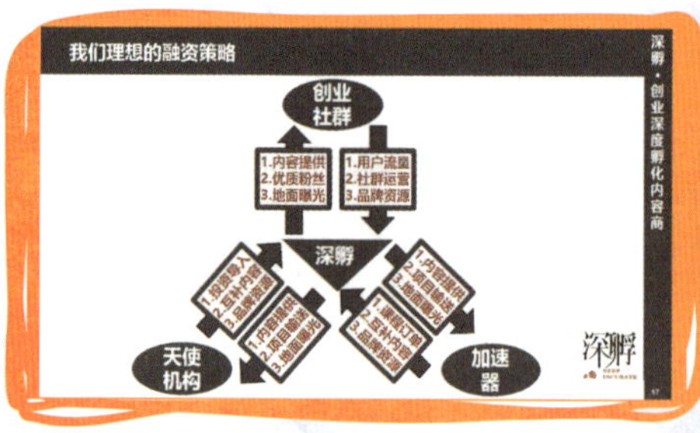

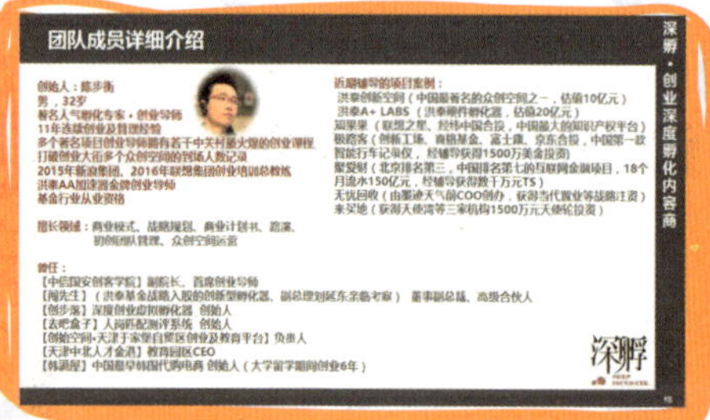

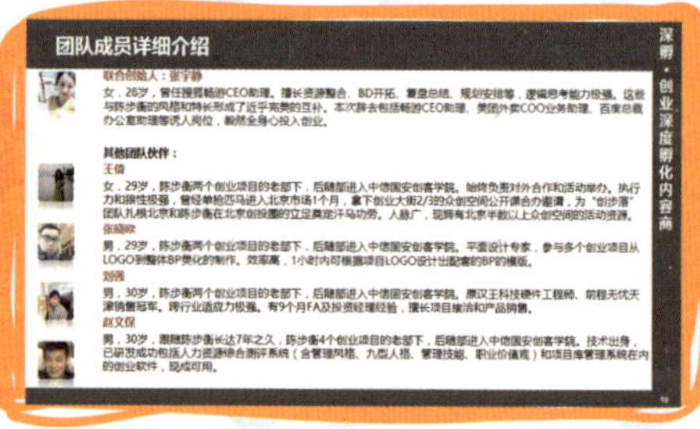

声明：本BP案例仅为教学说明撰写，不代表真实公司项目情况。

路演稿

各位投资人，大家好！我们带来的项目叫作“深孵”。

“深孵”得名于“深度孵化”，我们致力于成为“中国领先的创业深度孵化内容商”。我们为早期创业者以及众创空间提供自身研发的“一对多的创业培训”“手把手的创业辅导”等深度的创业孵化内容。

一方面，我们将C端用户锁定在早期“小白”创业者。他们不会写BP，也做不好路演，缺乏投资人思维，商业模式不清晰，CEO的领导力也不足。我们给他们提供BP辅导、路演打磨、融资教练、模式梳理、领导力孵化等服务。

另一方面，我们将B端用户锁定在众创空间，现在，他们大多缺乏内容，缺乏差异化服务，说是孵化却缺乏实质的深度孵化辅导，同时他们也缺乏完整的创业服务体系。我们为他们举办课程、定制训练营，手把手地孵化他们的项目，并且导入完整的创服供应商体系。

我们的课程体系涵盖种子轮、天使轮、天使后等各个创业阶段，其中，我们的BP、路演、团队领导力的课程在创投圈非常出名。时间关系，不进行赘述。

运营数据是我们的骄傲。在BP和路演辅导方面，2015年，我们训练3个项目参与天使汇“闪投”，全部超募，并上了创业大街的大屏幕。其他辅导案例包括中国著名众创空间“洪泰创新空间”、中国第一个智能硬件孵化器“洪泰A+Labs”、中国第一款智能行车记录仪“极路客”、北京排名第三的互联网金融项目“聚爱财”、墨迹天气COO离职创办的“无忧回收”、天使湾合投1500万天使轮的“来买地”等。基于这么专业的BP和路演辅导能力，我们收到了两家出版社主动递来的出书约稿。我们在花椒直播上讲了3期BP课。一场专业的创业课程，居然击败了俊男美女主播，在黄金时段冲击到热门TOP 4（第四名），我们的内容魅力可见一斑。

我们建立了“初创团队领导力模型”，并为中国最大的知识产权平台“知果果”提供了深入的管理层测评及建议咨询。

训练营定制输出方面，我们与“洪泰AA加速器”“新农商学院”“国安创客”“起风了”“联想集团”均有良好的合作数据。

几乎全中国所有知名的众创空间都向我们约课。

基于这几十家公开课合作伙伴，我们在之前的9个月共在线下讲课58场，我也一举成为北京讲课最多的创业导师。

我们来看一下这个巨大的市场吧。截至2015年年底，全国各类市场主体7746.9万户。新登记企业443.9万户，增长21.6%。注册资本29万亿元，增长52.2%。每天新登记企业1.2万户。全国众创空间超过2300家，其中大多数缺乏辅导和孵化内容。

对比众多的竞品，我们有自己的核心竞争优势。第一，我们有口碑第一的BP和路演课程；第二，我们有业内数十家关系紧密的合作伙伴；第三，我们有超大量级品牌地面活动能力；第四，作为人气导师，我们的传播风格独树一帜。

这是我们的梦之队。我是创始人陈步衡：著名人气孵化专家、创业导师，11年连续创业及管理经验。美女联合创始人张宇静：纳斯达克上市公司“搜狐畅游”前CEO助理，5年资源整合及规划安排经验。还有4位是跟随我多年、多次创业的老部下，分别为：众创行业BD人脉大神，之前用一个月将我们的公开课开满创业大街；西半球最大红酒供应商首席设计师，拥有丰富的BP美化及创意经验；“前程无忧”前销售冠军、积累了丰富的项目筛选、FA和DD的经验；拥有9年项目全程开发经验的技术大师。

我们本轮拟融资：200万；出让股份：10%。支撑我们这个估值的基础主要是团队优秀和数据良好，且持续盈利中。本轮所融资金主要用于人力成本和办公行政。股权结构较简单，CEO占股80%，暂未分配股权池。

11年来，我一直在创业。我深知创业者在这条创业的道路上有多么艰难和孤独。我们愿意做创业者的伙伴，在他不知道方向的时候为他指明道路，在他遇到困难的时候为他伸出双手。投资人们，请支持我们吧，因为你们支持我们就是支持中国创业者！谢谢！

创投圈知名人士鼎力推荐

正晖

褚京伟　天天投创始

陈宇　著名主持人、天使投

邓雷　英诺天使基金合伙人　付利军

伙人、天使茶馆创始合伙人、《创业之初你

合伙人/百度魔图联合创始人　蒋宇捷　启迪

泽厚资本创始合伙人　刘国炜　投资总监俱乐部

瀚海创投基金总裁、中驰资本前董事长　罗梓珅

伯乐投资集团资深合伙人、玉海创融董事长、国际著名

杰　光华弘人资本创始合伙人　任铮　闯先生加速器

资本投资总监　孙家振　天使汇CEO 兰宁羽　七彩

AA加速器创始人　吴玲伟　北京亿源伟创投合伙人

秉鸿资本合伙人　朱晓鸥　智汇邦、柠檬创投创始人

德投资创始合伙人　赵志平　掘金微创业CEO　陈浩

栾天　51社保创始人　余清泉　联想研究院 创新

创始人　袁泽陆　起风了创业视频媒体CEO

洞创业之家CEO　沈伟　青创众帮孵化器创始

空间创始人　王晓鲁　太库环北京孵化器

哈佛大学设计学硕士、一介设计机构

聚爱财创始人　任衡　来买地

曾伟达（香港）

子时资本CEO

中经汇金投资合伙人

董事长 葛健 京北投资创始合

融资知识》作者 桂曙光 信天创投

CEO 刘博 创园国际资本总经理 李飞

创客总部、创客共赢基金合伙人 李建军

及副总裁、双创街投资董事总经理 苗英伟 赛

小芬 PreAngel Fund 创始合伙人 王利

泰资本洪晟观通基金创始合伙人 汤明磊 瀚海

执行董事、总经理 孙征宇 洪泰基金合伙人、

精一天使公社合伙人、《单点突破》作者 张本伟

洪泰创新空间创始人CEO 王胜江 富元大

间创始人 代瑞红 中关村创业大街市场负责人

创业加速器" 李跃华 西少爷肉夹馍联合

米库创服众创空间创始合伙人 毛小宇 虫

36氪董事总经理 吴楠 梦想加

肌 国安创客副总经理 张丽文

量 法里创始人 潘赫先

洋 著名资深战略管理人

资合伙人 王波

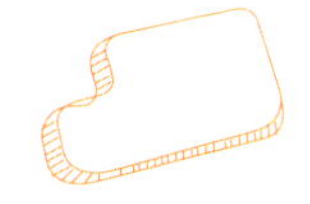

BUSINESS
PLAN

图书在版编目（CIP）数据

5分钟搞定投资人 / 陈步衡著. — 北京：北京联合出版公司, 2017.5

ISBN 978-7-5596-0086-8

Ⅰ. ①5… Ⅱ. ①陈… Ⅲ. ①创业投资—研究 Ⅳ. ①F830.59

中国版本图书馆CIP数据核字(2017)第079561号

5分钟搞定投资人

作　　者：陈步衡
选题策划：北京博雅广华文化传媒有限公司
责任编辑：张　萌
特约编辑：赵翠翠
封面设计：水玉银文化

北京联合出版公司出版
（北京市西城区德外大街 83 号楼 9 层　100088）
北京海纳百川旭彩印务有限公司印刷　　新华书店经销
字数 104 千字　　880 毫米 × 1230 毫米　　1 / 32　　5.5 印张
2017 年 5 月第 1 版　　2017 年 5 月第 1 次印刷
ISBN 978-7-5596-0086-8
定价：45.00 元